图解 **精益制造** *030*

第四次
工业革命

第4の産業革命

［日］藤原洋 著　李斌瑛 译

人民东方出版传媒
People's Oriental Publishing & Media

東方出版社
The Oriental Press

目　录

前　言

IT（信息技术）为我们带来的不是"节能社会"，而是严重的"增能社会"。

IT 是引领着从 20 世纪后半期到 21 世纪的现代工业革命的技术革新。随着互联网与手机的普及，在全球发达国家的任何地方都可以自如地与他人联系。过去人们普遍认为，只要数字通信网络得到普及，诸如出差去外地开会或在私人生活中与他人面对面交谈的次数就会减少，因此会推进节能事业的发展。然而，数字通信网络普及之后的能源消耗却完全没有降低的迹象。

在 IT 领域有两大定律，其一是计算机的处理能力每隔一年半的时间就会翻倍的"摩尔定律"（这40年来集成电路上可容纳的晶体管数量达到过去的40万倍，处理速度提高到3万倍），其二是伴随着宽带化，互联网上的信息数量会呈几何级数增加的"森定律"（尤其是中国、印度、巴西等新兴国家网络用户的激增促进了其发展）。

然而，IT设备的耗电量也随着用户的增加、高速化的发展而不断增加。

换言之，为了存储庞大的数据、通过互联网满足用户的需求，数据中心会变得越来越庞大。随着用户数量的增加，能源的消耗速度也会进一步加快。2008年，日本经济产业省启动的绿色IT项目正是由于预测到IT设备的耗电量到2025年将占本国总耗电量的40%、到2050年将占50%才开始筹备的。IT促进了生活的便利与生产效率的提高，但同时也逐渐导致了社会耗电量庞大。

技术革新带来了社会发展，同时也必然带来下一个课题。

本书主要介绍继第一次工业革命（英国的动力机器革命）、第二次工业革命（德国与美国的重工业革命）之后的第三次工业革命（美国的信息技术革命）所带来的"环境能源问题"。

工业革命的历史正是由一步步解决人类社会面临的课题而发展进步的，那么估计现代人面临的共同课题——"环境能源问题"也将带来名为"环境能源革命"的"第四次工业革命"。本书主要介绍第四次工业革命的历史必然性、推进革命发展的原理及其具体技术本质、世界与日本的现状以及具体的方针。

第四次工业革命的钟声已经敲响了。

日本版"工业4.0"的首倡者

——访日本《第四次工业革命》作者藤原洋

◆ 蒋丰

2015年7月9日,藤原洋(左)在日本
新华侨通讯社接受蒋丰总编(右)的采访

"工业4.0"。如今,不仅仅是中国,也不仅仅是日本,而是整个世界的工业国家,都在谈论"工业4.0"的概念!

现在看起来，这个概念并不产生于亚洲。2013 年 4 月 8 日，是德国政府在汉诺威工业博览会上正式提出了"工业 4.0 战略"。从此，"工业 4.0"概念风靡全球。这个"时尚词"，又被很多学者称为人类历史上的"第四次工业革命"。

不过，我要告诉读者，"第四次工业革命"的概念，早在 2010 年就在亚洲的日本产生了。提出这个概念的人，是在日本网络发展中起领导作用的藤原洋先生。他是一位工学博士，同时也是日本 Broad Band Tower 股份有限公司社长兼 CEO，与美国微软创始人比尔·盖茨、乔布斯等大佬交谊匪浅。在他的《第四次工业革命》一书中文版由中国的东方出版社出版之际，我在《日本新华侨报》编辑部对他进行了一次专访，其内容也权且做本书的"代序"。

首倡日本版"工业 4.0"

蒋丰：你的《第四次工业革命》2010 年出版，到现在已经过去 5 年了。这 5 年内发生了很多变化，"第四次工业革命"有什么变化吗？"第四次工业革命"与德国的"工业 4.0"有什么区别？

藤原洋："第四次工业革命"正在进行中。它让人首先想到的就是 IOT，也就是 Internet of Things（物联网）。这是实现"第四次工业革命"重要的技术支持。过去 5 年中，我越来越能感觉到，这种技术已经具备足够实力来推动"第四次工业革命"。

首先，我想说，我作为一个亚洲的学者、企业家提出的"第四次工业革命"概念与德国的"工业 4.0"概念有异曲同工之妙。到目前为止，工业革命已经发生了三次：第一次是从英国开始的动力革命。第二次是从德国开始的电气化革命。第三次是从美国开始的数字信息革命。对于这三次工业革命，德国学者与我的表述是相同的。

在我们看来，第一次、第二次工业革命打破了地球生态环境，第三次工业革命则重视可持续发展。我主张的"第四次工业革命"，是用信息技术支撑可持续发展的产业革命。

相对来说，德国"工业 4.0"概念的范围可能要小一些。它主要讲的是用网络技术来提高制造业生产效率，这是德国式的思考方式。德国的 GDP 中很大一部分是第二产业，这在发达国家中很少见。为了强化这一点，德国才提出"工业 4.0"的概念，这是德国本土化的概念。比如说，低能源制造业等。所以，"工业 4.0"主要强调通过提升工厂的效率，来促进环境的可持续发展。

而我强调的日本版"工业 4.0"概念的内容不仅是制造业，更是世界所有民族、所有国家、所有产业共通的"第四次工业革命"。这次工业革命是为了全球可持续发展,其中也包含德国的"工业 4.0"。

"安倍经济学" 无法解决根本问题

蒋丰: 2012 年,安倍首相上台后,提出了"安倍经济学"等一系列经济政策。以目前的经济形势来看,您觉得"第四次工业革命"与"安倍经济学"有什么关联?

藤原洋: "安倍经济学"有顺利的部分,也有不顺利的部分。进行顺利的部分主要是日银的金融政策。2008 年世界经济危机后,人们都对西方产生了怀疑。日本能走出那场金融危机,其中非常重要的就是沾了当时中国经济高速增长的光。

因为中国经济不断发展,即使欧美经济衰退了,通过与中国的贸易,日本经济总算稳定了下来。但

2013 年 9 月 20 日藤原洋访问北京大学

是，为了防止这种事情再次发生，所以"安倍经济学"出现了。世界经济危机中，日本在金融政策方面反应十分迟钝。美国与英国都采取了货币宽松政策，也就是通过大量发行货币，增加货币供应量，并且这个数量是极为庞大的，这就造成了美元与英镑的大幅贬值，推高了日元。

"安倍经济学"中的第一支箭就是采取货币宽松政策。日银总裁黑田东彦实行了货币宽松政策，终于使日本经济恢复到了经济危机前的水平。从这方面上讲，我认为日本经济好转了。

但是，需求减少的部分不可能立即恢复，因此就有了第二支箭。通过投资建设公共项目，刺激经济，扩大内需，也有一定的作用。但是，这只是短期刺激经济的兴奋剂，不大可能从根本上促进经济的发展。

蒋丰：您认为安倍政权的能源政策如何？

藤原洋：能源对"第四次工业革命"非常重要。如今，日本必须考虑的问题就是如何提高能源自给率。特别是东日本大地震后，日本一半以上的能源都需要进口。不论是石油、煤炭还是天然气，日本基本都是靠进口。因此，提升能源自给率，在"第四次工业革命"中当然要强调，但我们更应该加大对可再生能源的投入。

安倍政权之前的菅直人政权，提出了关于可再生能源的

"政府电力收购制度"。以太阳能发电为例，政府以"1 千瓦/42日元"的价格收购电力，这比德国晚了近 10 年。但这个项目，没有引起安倍政权的足够重视。

举一个例子，日本的太阳能电池都是日本企业生产的，但这些企业缺乏国际竞争力，在电池构造等方面也落后于中国企业。能源政策的目的是为了提升自给率，而不是为了保护太阳能电池制造商，如果多用一些中国的技术，或许会使目标更容易达到。因此，日本需要在自由竞争的环境中，提升能源自给率。

非常遗憾的是，日本对本国太阳能电池制造商的保护有点过头了。其实，中国生产的太阳能电池非常好，尤其是性价比方面。要实现双赢，日本还需要努力。

不应拘泥"日本制造"

蒋丰：日本可以说是一个技术大国，掌握着很多先进技术。但是，为什么拥有那么多先进技术的日本大公司诸如三洋、夏普等会破产或者面临破产呢？

藤原洋：单看太阳能电池，夏普确实没有什么优势，它的优势在于液晶面板。夏普出现危机，我认为问题主要出现在经营方面，还有就是过分拘泥于"日本制造"。夏普应当具有国际企业意识，在中国设厂没有什么不好，不必拘泥于设在日本。

说到夏普，就不得不提一下"龟山模式"，它曾风靡一时。但世界在变化，如果一直都用"龟山模式"应对全球化挑战，其结果不言自明。所以，我觉得，夏普过分拘泥于液晶面板和日本制造。三洋公司与京瓷公司虽然与夏普的战略不完全相同，但也是拘泥于"日本制造"。事实证明，过分拘泥于日本制造的经营策略是不能适应全球化的。

蒋丰：老龄化问题是一个关系日本社会、日本未来的重要问题。"第四次工业革命"与少子老龄化问题有什么关系？

藤原洋：从世界范围看，日本的老龄化问题最严重，之后应该是德国和中国。如果日本顺利渡过老龄化，可以为世界提供一个很好的模板。随着医学的发展，人类的平均寿命会更长，如果新生儿不增加，平均寿命又增加，这必然会导致老龄化。

"第四次工业革命"重视的不是量而是质，做同一件事时消耗更少的能源，也可以称之为"单人消耗较少型能源社会"。因此，以后的生活中，可以用更少的能源来维持整个社会的运转。中国的劳动人口减少还需要等一段时间，但现在的能源政策非常重要，要尽可能确保能够获得大量能源。像日本一样减少能源消费是非常不错的选择。提高能源效率，这种模式可以使

"第四次工业革命"适应老龄化社会。

机器人将引发第五次工业革命

蒋丰：您在书中提到中国的太阳能电池比日本要先进。那么，中国可以学习日本的什么地方？反过来，日本可以学习中国的什么地方？

藤原洋：我认为，日本首先应当学习中国公司的构造，其次是企业家精神。要变革就需要推陈出新，成立新公司。中国人口是日本的 10 倍，但每天成立的公司数目竟然是日本的 100 倍以上，这就是创造新产品的原动力，这就是企业家精神，这就是创业者们。日本适合生活在永远不变的旧体制下，这与中国完全不同。我也经常去美国，感觉这个世界上，只有美国和中国企业家才具有那种企业家精神，日本和欧洲都没有。因此，日本必须学习一下。

反过来，中国在规模上有一定的优势，而日本则在质量上有很大优势，中国可以学习日本重视小地方，重视多品种少量生产。中国在大规模生产上具有优势，如果双方能互相学习就更好了。中国人喜欢考虑大问题，日本人喜欢考虑小问题。有时候应当考虑大问题，有时候也需要考虑小问题。

2013 年 9 月 19 日，藤原洋在北京拜访人民日报海外版办公楼，与副总编辑刘曼军交流媒体所发挥的作用与影响

蒋丰：最近，"第五次工业革命"这样的名词也出现了，您认为"第五次工业革命"是什么？日本有什么优势？

藤原洋："第四次工业革命"之后，那肯定是"第五次工业革命"。要说"第五次工业革命"是什么，我首先想到的可能是超越人类智慧的机器人登场。用现在的话讲就是人工智能。人工智能高度发展，完成度也大幅提高，从多方面会超过人类。

虽然机器人在多方面超过人类，但还仅限于记忆与运算。

现如今，机器人还没有自己的意识，都是按照人类编程来完成工作的，从这一点上来看，还是人类要更高一筹。

今后，电脑有可能自己编程。如果那样，电脑会有一定的自我意识，也有可能最终超越人类。这是一个问题，处理得好，可以引发第五次工业革命，为人类带来便利。如果处理不好，人类可能会被电脑支配。人类一直都在开发新技术，有好的部分就肯定有不好的部分，给人类带来了便利，但也造成了空气污染和水污染。人类需要用更好的技术来治理污染。

如果说日本在哪部分领先中国，那应该是工业机器人。如果日本与中国分享工业机器人技术，中国肯定能大幅提高生产效率。比如说汽车工业，可以分为两部分：一部分是涂装机器人，一部分是焊接机器人。在这两方面，日本具有压倒性优势。

蒋丰：去年的 APEC 会议上，习近平主席与奥巴马总统就保护环境达成了一致，比如说削减二氧化碳排放量，但日本为何却迟迟没有行动？

藤原洋：我认为 2011 年日本发生东北大地震后，关停核电站的影响非常大。如果停止核电站发电，日本削减二氧化碳排放量的目标就无法实现。与其说是核电站的好坏问题，不如说是日本的现实问题。日本是地震大国，东日本大地震后的福岛核电站事故，影响深远。如果不清除它的影响，日本很难重启核电站。所以，有人说，不是日本不想削减二氧化碳排放量，而是因为停止了核电站发电，无法保证减少二氧化碳。正因为如此，我才大力倡导发展可再生能源。

全球企业互通最重要

蒋丰：对于日本制造的"工业4.0"，您认为应当注意什么？

藤原洋：我说的"第四次工业革命"，是指在重视经济发展同时，更重视整体地球环境的可持续性发展。德国的"工业4.0"主要强调提高制造业的效率。Internet of Things（物联网）的重点是互联网。如果没有相互的连接，那是不行的。只在一个公司使用Internet of Things也是没有意义的。世界范围内的所有企业都参与进来，达到生产设备的共通才最重要。

看一下日本的制造业可以发现，日本的网络连接是由单个汽车企业、单个机械制造商组成的。我是推动网络的人。我认为，即使是不同国家的企业，也可以通过网络相互连接。这样才能成为真正的"工业4.0"。可是，现在日本没有这样做。

我认为，国家间的竞争，随着时代变化已经没有意义了。国与国之间的竞争会导致战争，而企业之间的竞争则不会。从这一点看，企业间的竞争或许会更好。跨国企业日本有，中国有，美国有，欧洲也有，选择合适的地区发展自己的优势产业，同样会产生雇佣关系，会推进企业的发展。拘泥于哪里制造的问题，我认为那是一个错误的想法。制造自己的优势产品，不论是中国制造还是日本制造，或者是德国制造，都无所谓。产品"必须这里制造"的观念，作为企业经营来说已经过时。当今世界，最应该强调的是企业之间的相互联系。

(本文执笔者系日语版《人民日报海外版日本月刊》总编辑、中文版《日本新华侨报》总编辑)

第1章 第四次工业革命的浪潮

"出格"的时代

苹果（Apple）、微软（Microsoft）、太阳计算机系统（Sun Microsystems）、雅虎（Yahoo）、谷歌（Google）、亚马逊（Amazon）。

众所周知，这些全球性企业都是在短短35年左右的时间内，由引发数字信息革命的美国培植起来的IT（信息技术）相关企业。

那么，雅虎、谷歌、太阳计算机系统三家公司有什么共同特点呢？

答案是这三家公司都是在斯坦福大学诞生的。创建雅虎的华裔杨致远与创立谷歌的东欧人谢尔盖·布林、拉里·佩奇都来自斯坦福大学的计算机科学专业。而太阳计算机系统中的"Sun"一词实际为Stanford University Network首字母的缩写，顾名思义是以斯坦福大学的研究生为中心成立的公司。

太阳计算机系统是数字信息革命的主角之一。该公司开发的工作站是最适合进行科学技术计算的计算机，因此常被研究室购置，又被称为工程工作站。该公司工作站畅销的原因之一是其装载了公司的创始成员之一、加利福尼亚大学伯克利分校的比尔·乔伊改良的伯克利版 UNIX 软件"4. 2BSD"。公司不仅无偿提供软件，而且依照标准实装了名为 TCP/IP 的网络通讯协议，因此一时风靡了美国大陆。

太阳计算机系统公司自然获得巨大的成功并且上市，也由此产生了好几名富豪。因此全世界都在议论"去斯坦福大学研究生院学习肯定有好发展"。于是，世界各地希望从事计算机科学行业的人们纷纷聚集到了斯坦福大学。

斯坦福大学的学生不仅十分优秀，而且许多人拥有创业精神与独特的创意，因此还吸引了一些天使投资人（面向创业者的个人投资家）与风险基金。当然，教授也会鼓励拥有独特创意的学生创业，有时教授自己也会为其出资。于是，斯坦福大学周边出现了越来越多独特的 IT 风险企业，逐渐形成了现在的硅谷。

笔者举出这个例子，并不是为了称赞斯坦福大学有多么优秀，只是希望各位读者能对改变世界的工业革命的发展盛况有一定的了解。

不过，还有一点值得注意的是，为什么这一动向会在美国发生呢？恐怕很大原因是美国的体制吸引了全世界的精英人才。

比方说，我们拿日本与美国的一流大学相比较，就会发现教授的工资差了3倍左右。此外，美国的大学在很早以前便积极地推进了"产学官合作"①，而且以庞大的军事费用为主的研究费用也十分充足。不光是大学，地方和各大企业也为吸引外国人才准备了优良的条件。

而在互联网的发展方面，全美国的大学很早就通过互联网实现一体化，时间上比网络向一般地区开放还要早得多。也就是说，美国大学的环境有利于互联网相关技术的开发。

中产阶级的数量也是不可忽视的原因。去斯坦福大学、MIT（麻省理工学院）、哈佛等一流大学就读的大部分学生并不是有钱人。因此，他们会自己做好以后的人生规划。而且美国社会允许人们自由地学习，去做自己喜欢的事情。由于具备以上条件，学生们可以参与各种各样的挑战，其结果便是使大学发挥出了革命根据地的功能。

日本也拥有大量的中产阶级人群，从这点来说具备了工业革命所需要的环境，但遗憾的是自由度或许还稍显不足。许多家长都对孩子说："好不容易进了所好大学，不要想着什么创业，以后进个大企业就好了。"很少有家长会教育孩子"尝试去

① 指企业等产业机构、学校等科研机构、国家公立的事业机构的合作。

做自己喜欢的事情"。家长总认为"要去好公司上班的话就要先进好大学，要进好大学的话得先进好的初高中"。于是让孩子从小就去读补习班，这样孩子的发散性思维就被大幅地禁锢了。当然笔者不是要对这一问题妄加褒贬，只不过这对日本产业发展来说或许并不是一件好事。

一个国家如果想要一直拥有领先世界的产业，就必须在国内建立不断促进创新的体制。不能觉得"50年前发明了某样东西"就高枕无忧，因为专利也是会过期的。日本自索尼、本田之后，已经没有纯粹从风险企业开始成长为全球性的轰动世界的企业了。

不过，现在的状况对日本来说正是极佳的机会。

从结论上讲，在本书所介绍的第四次工业革命——"环境能源革命"中，日本处于非常有利的位置。

具体来说，投入产业化的太阳能电池、锂离子电池、燃料电池是日本人发明的。可以说，日本人适合物理、化学等需要脚踏实地、勤勉用功的工作，擅长与环境能源相关的研究。

美国人相对来说更擅长软件工作，但是他们却容易对踏实地做实验、需一步步积累的细致工作半途而废。笔者在90年代中期曾经去过从事通信等领域开发研究的美国贝尔实验室，当时便发现努力搞研究、用功写论文的大多是中国人或者印度人。

据说优秀的美国青年都去了华尔街。数学或物理学科的研究人员大多倾向于投身高盛集团等需要金融工程学人才的领域。听说当时高盛集团的员工平均年收入为7300万日元，所以可能人们更愿意去这种时薪、月薪高的地方。当时金融领域产值占了美国国内总产值（GDP）的30%，而从事金融业的人却不到总人口的4%，所以财富分配严重不均。

闲话少说，让我们再次回到本书的主题。能同时拯救由金融问题导致的全球经济危机与地球环境危机的工业革命便是环境能源革命，而日本在这场革命中占有有利的位置。

除了电池以外，日本在电动汽车领域也取得了长足发展。现在全世界可以量产电动汽车的公司只有三菱汽车。2010年12月，日产汽车向市场发售了"Leaf"（聆风）电动汽车。在电动汽车的量产方面，日本是领先全世界的。而说到油电混合动力汽车，则包括专利在内的各项技术几乎都是由丰田垄断的。这些都是未借助政府的力量，仅凭企业自己的努力所取得的卓越成绩。此外，在锂离子电池、发动机（motor）、变频器（inverter）等功率电子学（power electronics）领域，日本也走在了世界的前沿。

如果想再接再厉、精益求精的话，笔者认为日本必须拥有能汇总现有优势并确定方向性的力量。日本的产业分工化过于细致，反而导致人们太过专注于自己的领域，比方说认为自己只是做电池的，或只是做发动机的，等等。诚然，这种专注性格是值得褒扬的优点，这样的人才也是社会所需要的，但是很少有人能够在专注于自己领域的基础上统观全局。

日本人或许有些缺乏高屋建瓴、思索如何将自己的专业融入社会体系当中的思考能力。笔者认为，今后的日本企业需要能够把控全局、决定整体方向性的人才。尽管目前各家厂商、企业的技术十分卓越，但却缺少促进其走向大规模运营的体制。这一点是十分遗憾的。

不过，我个人认为新型工业革命走上正轨时，历史舞台的主角也会改朝换代。比方说在电动汽车领域，也许会由与现在的汽车厂商截然不同的风险企业创造新时代。或者说，人们就算是在大企业中工作，也不会再像过去那样中规中矩地步步晋升，即"出格"的特殊人才也许能占据成功的舞台。新时代是由"出格"所创造的。在个人电脑领域，引领革命的并不是IBM，而是斯蒂夫·乔布斯的苹果公司、比尔·盖茨的微软公司、制定"摩尔定律"的戈登·摩尔的英特尔公司。

我们所有人都是参与者，有机会在所处的时代创造出不断推陈出新的社会。

世界的发展方向

石油 40 年。煤炭 150 年。天然气 60 年。

这是以现在的消耗量为前提，尝试计算化石能源还可以开采多长时间的结果中最为权威的说法。

没有这些化石能源的话世界将不复存在，这一点不言而喻。如今的世界正处在建于化石能源这一危险基础之上的塔楼顶端。我们迟早要面对资源枯竭的问题。

另一方面，利用太阳的光和热的太阳能发电在实际应用上正取得迅猛发展，这是全世界为了解决能源问题所做出的尝试。

"中国、德国、印度已经正式投资了清洁能源建设，美国不能甘居其后。"

这是美国总统贝拉克·奥巴马在 2010 年 1 月的国情咨文中所说的一番话。

如其所言，美国开始从化石能源大力转向太阳能（清洁能源）领域发展。从 2009 年到 2010 年，美国预计向包括太阳能相关产业在内的环境能源领域整体投资 1500 亿美元（约 18 兆日元），并且希望能由此创造 500 万个就业岗位。2009 年 10 月，美国宣布投资 34 亿美元建立有利于太阳能发电的智能电网（Smart Grid）。2010 年 5 月，美国宣布加强太阳能电池以及用于电动汽车的高性能电池的开发，并且针对用于电动汽车的高性能电池强调："美国将在 5 年时间内把目前不到 2% 的市场份额提高至 40%。"金融危机之后，美国为了创造新的市场，接二连三地采取措施投资"太阳能"产业。

日本也在 2010 年由经济产业省开始了智能电网（Smart Grid）的认证实验。这正是由于接受了 2009 年日本政府提出的"将太阳能发电量在 2020 年发展至 2009 年的 20 倍、在 2030 年发展至 40 倍"的目标。在当时经济产业省的研究会上，人们预测，到 2020 年与太阳能产业相关的日本国内就业岗位将从现在的 1.2 万个发展至最多 11 万个。与奥巴马总统提出的创造 500 万个就业岗位的目标相比，日本政府官方的态度还是显得较为保守。不过，自 2009 年民主党掌握政权，当时的鸠山首相在国际舞台上宣布要"R 消减 25% 的温室气体排放量"以来，日本政府便开始迅速将政策方向调整为扩大"环境能源产业"开发。2010 年 6 月政府归纳的新发展战略中，提到在环境、能源领域，将于 2020 年之前开拓超过 50 兆日元的新市场，并创造 140 万个新的就业岗位。

　　综观日本企业现状可知，至今为止有大量企业积极加入了太阳能相关产业，并且取得了优异的成果。奥巴马总统在 2010 年 1 月提到："我们的油电混合动力汽车所使用的电池几乎全是由日本企业或者亚洲（其它国家）所生产的。"总统自己都指出美国在可再生能源领域方面的技术不如日本。从企业层面来看，日本在环境能源领域的技术依然位于世界顶尖水平，这一点是全球公认的。

　　就与太阳能发电相关的国内市场而言，2009 年之前的预测是将在 2020 年获得超过数兆日元的国内市场，然而在进入 2010 年后，市场就已经开始逐渐变热了。许多追求商机的企业都开始跃跃欲试。

　　2010 年日本新建住宅的 50% 以上都安装了太阳能发电系统。三菱电机投资了 70 亿日元开始进行小型供电系统的实证实验。日立制造所决定协助建于中国天津、面积约 30 平方千米的盐田港的环保型城市"天津生态城"的开发，搭建智能电网。笔者之前致力于构建数字信息革命的基础设施，现在也开始投入经济产业省主导的上述智能电网实验（北九州市）与电动汽车（EV）的生产。虽然这些例子只是冰山一角，但日本在太阳能电池领域的发展水平领先世界是无可争议的事实。

　　世界已经开始向"环境能源革命"的方向发展了。"第四次工业革命"的脚步声愈来愈近。本书正是想向读者介绍这次工业革命的意义以及其实际发展情况。

历史中的三大浪潮

20XX 年，东京的深夜。街道灯火通明。这些光源的电力来自照射在撒哈拉沙漠、戈壁沙漠、塔克拉玛干沙漠等巨大沙漠的太阳能。这些电力传输至东京，把东京照耀得如不夜城一般明亮。因为太阳能是取之不尽的，所以没有必要考虑省电。

——这些绝不是在说梦话，恐怕会是在不久的将来即可实现的能源供给状态。关于太阳能领域的介绍将在第 4 章进行详述。现在首先让我们回顾一下至今为止以能源为中心的产业发展历史。

过去的经济是以利用石油、煤炭等能源为前提创造的。各国围绕着油田、煤矿制造了运输化石燃料的巨大船舶与管道、巨大的储存设备、石油炼制加工厂、国内运输用的巨大油罐汽车与加油站等各种基础设施。这些产业得以建立、动力得到发展、制造出化学产品与电气产品，并构成了现代日本经济的基础。

然而，化石能源的枯竭问题为这一历史趋势亮起了黄灯。为了明确我们现在的处境，先让我们来回顾一下第一至第三次工业革命的历史。

1609 年伽利略·伽利莱的天体观测拉开了近代科学的帷幕。在之后将近 400 年的时间内，我们经历了三次工业革命。

◎第一次工业革命是动力革命，即"Power"的革命

这次革命是以 18 世纪的英国为起点开始的。人类通过发明蒸汽机掌握了光凭人力不可能获得的巨大动力（=Power）。用煤炭加热水，使其变成水蒸气时其体积会膨胀，因此能够获得动力。通过这一方法，人类获得了轻松推动过去以几百人的力量都无法推动的动力。

牛顿将力学体系化，从力学发展至蒸汽机的发明，进而推动了"动力革命"，这场革命产生了纺织、船舶、铁路产业，等等。教科书上说蒸汽机是由詹姆斯·瓦特发明的，但实际上这一技术很早就在煤矿中使用了。在开采煤矿时地下水会渗透出

来，而抽水时所使用的抽水机正是应用了蒸汽机的技术。瓦特应用这一技术将其改良为通用的蒸汽机。这便是引发第一次工业革命的开端。史蒂文森通过该技术制造了蒸汽火车。之后又出现了蒸汽船，等等，还能通过蒸汽涡沦进行发电。

工业革命通过技术产生附加价值。划时代的技术则通过古腾堡（Gutenberg）发明的西方活字印刷术——媒体的力量得到了普及，但最大的原动力是创业者们追求一夜暴富的梦想。他们将新诞生的技术应用于各种各样的技术当中，并推广至社会各个领域。

从另一角度来看，工业革命也是资本主义经济的发展历史。如果要发明机车之类的产品，需要生产设备等方面的资金，因此就要发行股票、筹集资金。创业者正是通过这一方法进行更大的投资。在苏联社会主义共和国，无论有任何发明都无法发展经济正是因为缺乏这一诱因。第一次工业革命在产业、经济、社会的各个方面加速了人类历史的发展。

◎**第二次工业革命是"化学变化"的革命。**

动力通过化学变化获得了飞跃的提升。精炼石油、制造汽油与轻油，将其灌注于汽缸中，与氧气混合后进行爆燃，推动活塞。这就是用于汽车引擎等之中的内燃机的结构。其能源密度比和蒸汽机不可相提并论。

如果使用蒸汽机来发动汽车的话，恐怕需要数十平米的空间才能容纳动力部分。而如果利用化学反应的话，动力部分可以缩小至收纳于仅 4 平米的汽车当中。这一革命方向是在 19 世纪末 20 世纪初，戴姆勒与奔驰公司开发引擎、发明 T 型福特车时决定的，汽车产业由此诞生。飞机能飞上天空也是因为其内燃机中有化学反应的动力。同时，这一"化学反应"的技术还带来了以化学纤维、塑料、钢铁为代表的各种制造业的发展。比方说纤维，人们开发了比绢、绵等自然布料更加轻便、便宜、结实的尼龙材料等。

最近，东京大学制造了 95% 的成分均由水构成的新材料，获得了人们的瞩目。100 多年前的"化学变化"革命至今仍然拥有生命力。我偶尔会与优衣库的柳井正社长见面，他一直对"新材料"抱有强烈的兴趣。因为新材料现在依然不断问世。如图 1 所示，各大工业革命并没有就此结束，而是与下一次工业革命重叠着向前发展。

◎第三次工业革命是"数字信息"的革命。

由于计算机的进步与基于互联网的信息传播速度的飞跃性发展，人们通过通信技术迅速缩短了物理距离，因此信息化与全球化也获得了飞跃性的进步。这可谓是一场颠覆人们常识的科技革命。

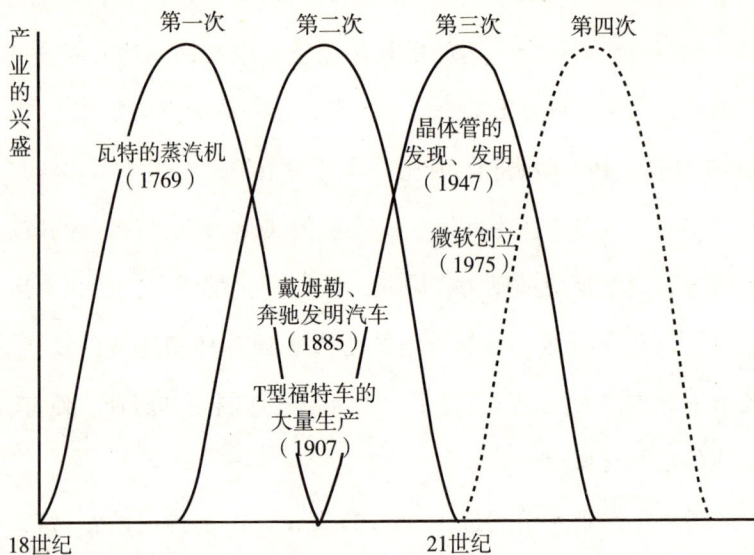

图 1 工业革命的变迁

　　计算机的鼻祖大型电子计算机在第二次世界大战之前便存在了。美国一个名为冯·诺依曼（Von Neumann）的人发明了向机器输入程序后机器会运行命令的存储编程方法，这是造成计算机拥有从根本上改变社会的力量的契机之一。之后，晶体管、半导体、集成电路等周边元件的开发不断向前发展。同时，计算机领域很长一段时间被以 IBM、UNIVAC、Burroughs 为首的巨头公司垄断，当时的计算机大得甚至需要专用的房间放置，而且价格也高得惊人。只有一小部分企业可以使用计算机，完全没有在社会上普及开来。在这一现状当中促进了革命进展的是当时还是风险企业的英特尔公司：该公司在1971年发明了微处理器。1975年成立的微软公司则最早开发了相应的微处理器专用软件。计算机由此变得小型化、低价化、大众化，再加上可以互相访问的互联网的发明，使计算机得到了加速普及。现在计算机从工作、日常生活的信息交换，到工业、工业产品、农业、生产系统等各个方面，都在产生不断推进社会变化的革命，这点已经毋庸赘言了。

日本从明治政府的富国强兵时代以来就孜孜不倦地追逐第一次工业革命、第二次工业革命的浪潮，到现在仍然一直坚持以"改良技术立国"，取得了持续的经济增长。然而，如今的时代这一方式已经不再适用。因为日本人已经拥有了富裕的生活水平，这导致了人力成本的增加。在信息化、全球化的时代，光是依靠改良技术的话，瞬间即会被人力成本较低的新兴国家的企业超越。

在数字信息革命中，日本失去领先地位的代表性技术便是半导体的制造技术。日本在半导体领域原本是为了"赶超"美国，通过引进技术才取得发展的。其中占主导中心地位的是70年代由通商产业省（旧名）推动并建立的超LSI技术研究组合。日本的半导体厂商正是通过这一政策成长为领先全球的企业。

此时美国因为日本使用国家政府的资金来抄袭美国产品而大动肝火。这便是 80 年代日美半导体贸易摩擦的起因。

准确地说，日本的确是从美国窃取了信息与技术。不过据说好像已经过了时效，或是当时日本企业的研究者在开会时，趁对方离开的工夫偷拍了会议室里图纸的照片带回国了。

如今则是日本被其他亚洲国家所赶超了。现在日本在半导体领域已经赶不上三星公司了。新兴国家一直都在模仿比自己先进的技术，并且用更加低廉的价格制造同样的产品，这一点从过去到现在从未改变。

因此，为了防止这种情况的出现，人们采取了专利、知识产权的全球性条约等方法，但是专利只有 20 年的有效期。通用药物（Generic drug）便是其中的代表。只要技术跟得上，知识产权终归会变成免费的。因此产业会逐渐向人事费用低廉的地方转移。这可谓是历史的必然性法则。

现在的情况也不例外，新兴国家在以廉价劳动力为武器的同时，也在逐渐培养身身技术能力。日本逐渐在国际性竞争中丧失了以前的优势，甚至陷入了输出主导型经济的基础发生动摇的局面当中。为了降低人力成本，抑或是为了顺利推进商业的全球化，越来越多的企业将工厂转移到了国外。

另一方面，最近丰田汽车"雷克萨斯"的召回问题尽管是由许多复杂的原因综合在一起所引发的，但是这并不单单只是丰田汽车这一个企业的问题，纵观历史，或许可以将其视为使用内燃机的汽车引擎的发展极限。质量管理、安全管理的严格程度在全世界数一数二的企业也会出现这种事故，我们可以将其视为产业史的一大转折点。

此外，数字信息革命的发展会导致能源的大量消耗，这点将在后文中进行详述。甚至有预测说将来 IT 服务企业的数据中心将占据全球能源需求的一半。这些事实证明了"环境能源革命"这一第四次工业革命的浪潮即将到来，这也是历史的必然。

第四次工业革命的浪潮

如前所述，工业革命不能用时间来进行精确的分类，因为相邻的革命会重叠着向前发展。比方说，在数字信息革命正进行得如火如荼时，环境能源革命也已经拉开了帷幕。

为了使其发展为第四次大浪潮，最重要的是拥有比以往的工业革命更加能够突破现有局面的"技术革新"以及"技术与政策之间的合作"。

第二次工业革命可以以本田为例。1970 年美国加利福尼亚州制定了名为《马斯基法案》的环保政策，其中一大内容是对汽车排放的尾气的严格规定。全世界的汽车厂商都认为不可能做到而反对这项政策。然而，当时尚属于中坚企业的本田公司挑战了这一规定。本田成功开发了低公害引擎"CVCC"，其标准符合了《马斯基法案》提出的条件。之后，该公司还向丰田、福特、克莱斯勒、五十铃等汽车厂商提供了低公害引擎的相关技术，于是这一技术迅速得到了普及。从历史的角度来看，甚至可以说《马斯基法案》这一难题带来了本田的技术革新。

事实上，第四次浪潮中也有因为政策而获得成功的例子。那就是 2000 年德国制定的上网电价（Feed-in Tariff）制度。该制度规定电力公司在 20 年时间内必须以政府决定的固定价格购买用太阳能电池发电的电力。不过，由于太阳能电池的价格每年都在下跌，所以德国 10 年来每年都会对该政策进行修正，让电力公司能够回本。电力公司必须以高价购买太阳能发电的电力，因此收购成本会变高，但由于可以将这部分成本附加在电费上，所以并没有构成实质性的负担。这一制度对提高太阳能发电总量做出了很大贡献，取得了不菲的成绩。

前文中已经谈到奥巴马总统曾提及在全美上下推进太阳能产业的发展，更进一步的举动是 2009 年以美国投资银行的 CSR（企业的社会性责任）为目的所建立的"可再生能源投资基金"。2009 年日本政府对太阳能电池的补助金预算只有 260 亿日元，但美国投资银行的基金达到了大约 5 兆日元的规模。这为我们展现了一幅从硅谷向太阳能谷过渡的盛况。

日本也开始积极投入了这一浪潮。除了上述政府目标以外，经济产业省在 2010 年 6 月发表的《产业结构理想 2010》方案中宣布，为了让日本经济走上发展轨道，需要扩展包括环境能源产业在内的领域，因此对这些领域将降低法人税。

日本也必须顺应第四次工业革命的浪潮。然而，日本如果想要掌握第四次工业革命的主导权，那么光凭以前由国家政府主导的"改良技术立国"政策是远远不够的。日本需要像美国一样，通过产学官合作达到"发明、发现技术立国"的目标。2010 年发布的"东京大学与新日本石油公司共同开发革新型太阳能电池""京都大学与丰田汽车、本田公司等促进高性能蓄电池的开发"等新闻也备受瞩目。笔者也与中部大学共同推进用于智能电网（Smart Grid）的超导输电的开发，同时为了让庆应义塾大学的清水浩教授开发的电动汽车投入实用而与其共同创建了公司，为其准备好了环境。

在此还要多说一句，笔者认为日本的大学也应该发挥出像美国大学那样的作用。敞开大学校门，大量接收亚洲各国的留学生，重视他们并将他们作为日本社会的后援团送回他们的祖国——日本需要建设这样的共同体社会。现在，日本一流大学的研究生院中也有不少以中国留学生为首的亚洲留学生，但是笔者总感觉这些学生毕业后，我们的后续工作做得不够到位。美国则是不惜利用高额奖学金聚集全球各地的顶级人才，他们当中许多人回国后成为了亲美型领导人。如今中国工程学领域的顶级人才依然以斯坦福大学或是 MIT 为目标，这正是因为美国具备优秀的研究环境之故。

数字信息革命后，社会结构从内外两方面发生了巨大的变化。日本的内部变化一言以蔽之即是少子化、高龄化，外部变化则是以"雷曼事件""希腊危机"为代表的源于欧美的世界金融危机。

堪称 20 世纪最大发明的互联网与无线上网的数字信息技术改变了整个社会，但是在如今的时代，我们需要清醒地认识到日本作为发达国家所应该采取的方向不是走向崩溃的以金融为主导的资本主义，而是立足于科学技术的产业资本主义。因此，在世界经济危机、地球环境危机中产生了自柏林墙倒塌之后的全新胎动，必须创造新产业的时代即将到来，而这一新产业正是环境能源产业。

如前所述，日本早在 30 年前就已经掌握了以太阳能发电为核心的太阳能电池技术，并将其应用于以计算器、钟表为代表的各种工业产品领域。然而太阳能始终无法成为发电的主流能源，这是因为其经济合理性，即成本的问题。30 年前，太阳能发电的成本比石油、煤炭要高出将近 10 倍。

从第一次到第三次工业革命，都是能使生活明显变得更加便利的"革命"，而太阳能发电的功能似乎并不能做到这一点。对能源消费者来说，能源来自石油也好，煤炭也好，核电也好，都没有任何区别。而如果不推进太阳能的使用的话，其成本就不会降低。这自然会影响到第四次工业革命的进展。

然而随着化石燃料资源的枯竭，以长远性眼光来看，太阳能是符合"经济合理性"的能源。换言之，考虑到经济与产业的"可持续性"发展，太阳能是必不可少的。

继采用上网电价补贴政策的德国、西班牙之后，美国、中国、印度等其他国家也开始正式推进太阳能发电的普及，这使得太阳能电池能够得到大量生产。近年来，太阳能发电的成本与石油、煤炭的差距已经缩小至 3 倍左右。而且电动汽车、太阳能板、太阳能电池等方面的相关技术也取得了进步，使得其成本进一步降低。

如今还不清楚哪种技术会成为第四次工业革命的决定性力量，但是当像以前的蒸汽机、内燃机、微处理器那样的划时代的技术与优秀企业家出现时，必定会迅速加快革命的进程。现在最有力的候选者是为实现大规模太阳能发电的智能电网（Smart Grid）与电动汽车（EV）。

太阳能发电已经有 30 年历史了。时代的步伐不可阻挡，世界正被第四次工业革命的巨大浪潮所吞没。

第 2 章　世界能源的形势

今后的需求与供给

IT 是 "增能" 技术

"保护地球环境" 的世界舆论

DIGITAL COLUMN vol. 1

模拟信号与数字信号

今后的需求与供给

第一次工业革命——动力革命与第二次工业革命——重化学工业革命都需要使用大量化石能源。而第三次工业革命——数字信息革命也很明显越来越需要大量能源。其原因简单地说是计算机的处理速度越快，耗电量就越大。计算机性能可谓三年一更新换代，不，现在已发展至一年一代了，其速度与容量都以倍增之势不断提升。

本章主要通过介绍一系列工业革命所造成的世界能源的形势，突出环境能源革命的必然性。

作为工业革命的发祥地，欧美社会历经 19 世纪的煤炭能源社会、20 世纪的石油能源社会，发展成为需要消耗大量能源的国家群体。同时，如图 2 所示，能源需求占全球 5% 的日本也通过战后高速经济复兴，加入了以钢铁、化学、家电、汽车产业等重化学工业为中心的消耗大量能源国家的队列当中。

能源消耗与经济成长有着密切的关系，预计今后以 BRICs（金砖四国：巴西、俄罗斯、印度、中国）为中心的新兴国家的能源需求将会呈爆炸式增长。在这一环境中，国际能源市场将与国家之间的战略考量以及资源埋藏量等因素牵扯在一起，其结构将会从需求与供给两方面发生变化。尤其是国内资源贫乏的日本很有可能受到世界能源供需变化的极大影响。因此，关于能源问题，需要综合考虑各种观点并制定中长期的战略。

世界各地的预计能源需求量如图2所示，预计2030年全球的能源消耗量将达到现在的1.5倍。预测增加量中的大约一半源自以中国、印度为中心的亚洲地区的能源消耗量的增加。中国、印度等新兴国家随着今后的经济发展，如图3所示，其对石油、煤炭、天然气等化石燃料的需求量也会逐渐增加。

接下来，让我们来看看能源的供给。关于全世界的能源可供给量（可开掘年数）有数种说法，根据OECD-NEA（经济合作与发展组织核能机构）与IAEA（国际原子能机构）的调查，现在最有力的一说如图4所示。

煤炭以现在的基本消耗量为前提的话还能开采约150年。最紧缺的是石油，只能供应约40年时间了。而天然气则将在60年后无法再开采。当然，今后也有可能发现新的油田或者是新的煤矿，但不可否认的是，这些都是有限的资源。

英国长期以来都是全球屈指可数的石油消耗大国，过去它还是拥有北海油田的产油国，但是其生产量已经急剧下降了。这正是反映能源枯竭现状的极佳例证。

（石油换算单位：百万吨）

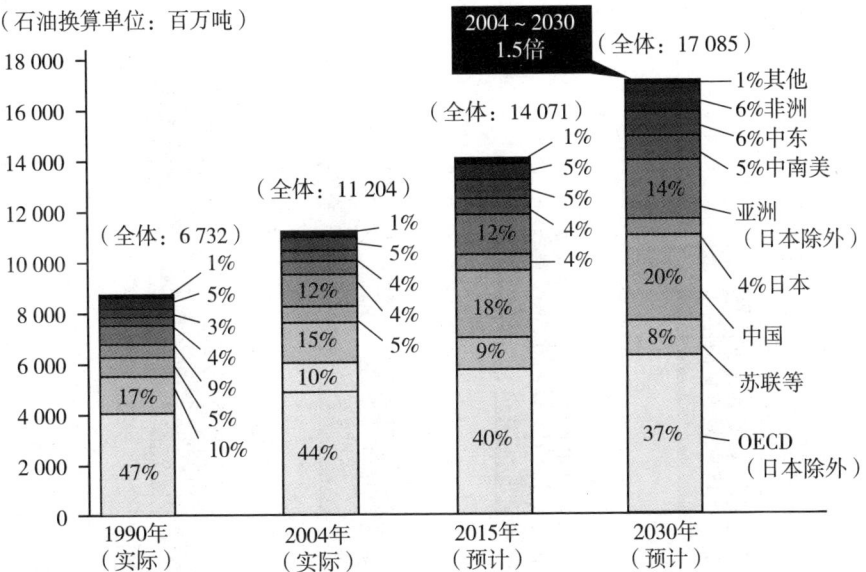

18 000 ┬

16 000 ┤

14 000 ┤

12 000 ┤

10 000 ┤

8 000 ┤

6 000 ┤

4 000 ┤

2 000 ┤

0 ┴

2004～2030
1.5倍

（全体：17 085）

（全体：14 071）

（全体：11 204）

（全体：6 732）

1%其他
6%非洲
6%中东
5%中南美
亚洲
（日本除外）
4%日本
中国
苏联等
OECD
（日本除外）

1990年
（实际）

2004年
（实际）

2015年
（预计）

2030年
（预计）

1%
1%
5%
3%
4%
9%
5%
10%
17%
47%

1%
5%
4%
4%
5%
12%
15%
10%
44%

1%
5%
5%
4%
4%
12%
18%
9%
40%

1%
6%
6%
5%
14%
20%
8%
37%

数据来源：IEA, World Energy Outlook 2006。

图 2　世界各地的预计能源需求

　　尤其是今后需求量最大的石油，每隔若干年就会发生一次石油危机，在第二次石油危机之后，由于油价的下跌，发达国家向产油国的投资开发也陷入了停滞状态。总之，要确保与需求相应的供给力，这其中有着极大的不稳定因素。再加上中东形势至今依然不稳定，在四次中东战争之后，又发生了海湾战争与伊拉克战争。中东是石油的主要埋藏地，政局不稳导致了每次出现纷争时都会影响到全球石油的供给。

（石油换算单位：百万吨）

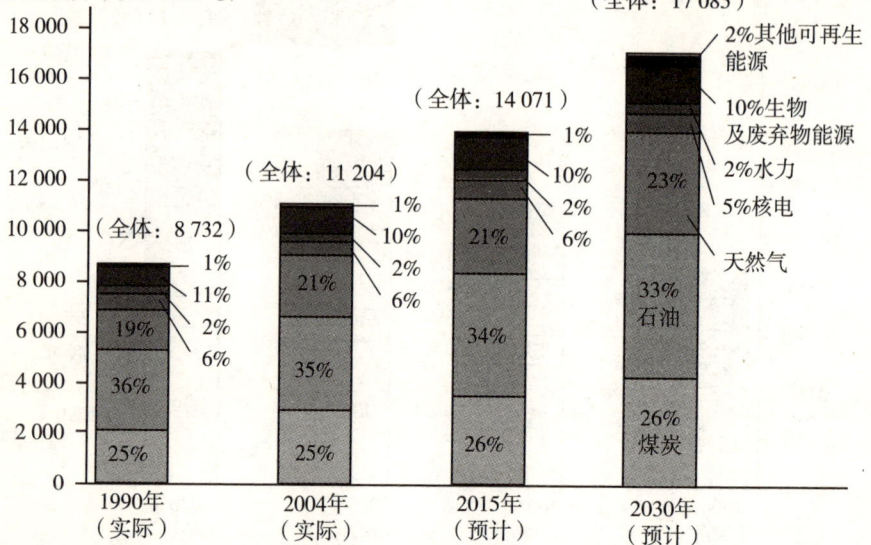

数据来源：IEA, World Energy Outlook 2006。

图3　世界各种燃料的预计能源需求

　　如果像预测的一样，全球未来的石油需求量依然持续增加，而且全世界的石油多依赖于从中东进口的话，那么全球能源整体必将会受到中东政治局势的影响。如图5所示，石油供给将来会更加依赖以中东为中心的OPEC（石油输出国组织）各国。如果石油与天然气的供给小于需求的话，不仅会造成能源价格的高涨，而且一些国家将难以保证获得必要的资源。相信人们依然对2008年石油价格的暴涨记忆犹新吧。当时日本作为大量

30

进口石油的国家，卷入了这场全球性混乱当中。

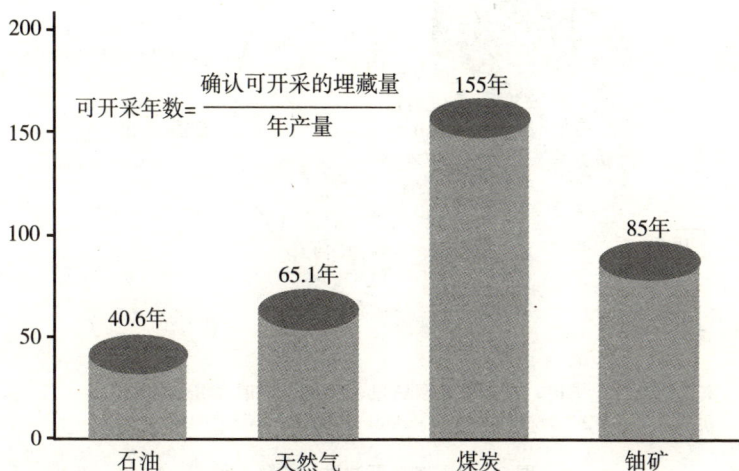

可开采年数= 确认可开采的埋藏量 / 年产量

数据来源：BP统计2006（石油、煤炭、天然气：2005年）；
OECD, NEA-IAEA URANIUM 2006（铀矿：2005年）。

图4 世界能源资源可开采年数

日本在世界各国当中属于国内资源特别贫乏的国家，石油、煤炭、铀矿等能源原料都依靠从海外进口。将来其他能源原料也很有可能受到世界能源形势的极大影响。

随着以新兴国家为中心的能源需求的急剧增长，国际能源市场的结构将发生改变。为了适应这一变化，日本必须实施全球化、长期化的战略，通过开发与确保新一代能源的资源，保证能源的稳定供给。

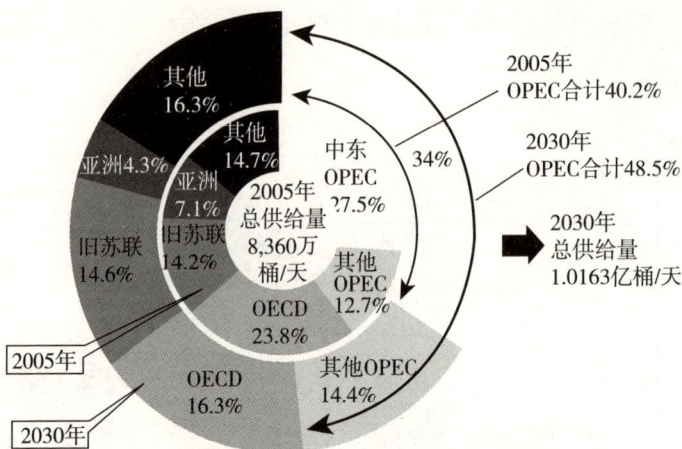

※亚洲地区：中国、东南亚国家联盟、印度、中国台湾地区等。
数据来源：IEA,World Energy Outlook 2006.

图5　世界各地石油供给的预计量

　　综上，我们可以得知，除了石油、天然气、煤炭以外，同属于主要能源资源的核电站燃料——铀矿也是短暂型资源，其埋藏量在60年左右。此外，多用于制造发电站的输电电缆与发动机的铜矿也是有限资源。发达国家的电力基础设施多是用铜制造的，如果以BRICs为首的人口众多的发展中国家也同样主要使用铜来构建电力能源基础设施的话，铜资源早晚也会被开采枯竭。从这一点来看，很明显必须要替换现在的能源系统。

IT 是 "增能" 技术

你知道美国的 IT 企业为了确保电力供应，争相向电力行业投资吗？

谷歌在 2009 年投资了一家电力风险企业，使其在加利福尼亚州正式完成了太阳能发电设施的开发。此外还计划在特拉华州的洋面建设大规模的风力发电系统。2010 年，谷歌宣布投资 3880 万美元于北达科他州的风力发电。另外还听说该公司计划建设核电站。比尔·盖茨也似乎计划着邀请东芝合作开发新一代核电项目。

这些动向都是因为挑起第三次工业革命大梁的 IT 产业今后对能源的需求将会有飞跃性的增长。

IT（信息技术）是从 20 世纪后半期到 21 世纪引领现代工业革命的技术革新。随着互联网与手机的普及，不仅在日本国内，在全球发达国家的任何地方都可以自如地与他人联系。

过去人们普遍认为，只要数字通信网络得到普及，人们出差去外地开会、在私生活中与他人面对面交谈等次数就会减少，因此会推进节能事业的发展。然而，数字通信网络普及之后的能源消耗却完全没有降低的迹象。因为 IT 实际上是"增能"技术，而不是"节能"技术。

具有讽刺意味的是，造成这一状况的原因是计算机功能、性能的提高。计算机的核心部分——微芯片集成密度的增加可以提高处理性能，因而可实现计算机的高速化。也就是说，由于需要高速处理更多的信息，所以从结果上造成了耗电量的增加。

简单地说，互联网的用户越多，计算机的性能就会越来越高速化，网络上的数据会呈几何级数膨胀，数据中心也会越来越庞大。而计算机的高速化与数据中心的巨大化将产生巨大的耗电量。

我们可以用"摩尔定律"与"森定律"两大定律来解释数字信息革命的发展速度。

第一是"摩尔定律"，这是英特尔的创始人之一戈登·摩尔（Gordon Moore）于 1965 年提出的一条经验法则，即"半导体芯片上集成的元器件密度每隔 18 至 24 个月会翻一倍"的定律。

1989 年出现了 486DX CPU 微芯片，此后计算机从输入命令操作正式过渡至鼠标操作（苹果公司的麦金塔电脑则是从 1984 年开始）。从此时开始，每个芯片上集成的晶体管数量超过 100 万个，CPU 时钟周期也超过了 30MHz（兆赫）。其消耗的电量功率达到 10 瓦特，人们逐渐认识到微芯片将成为巨大的电力消耗源。因为其耗电量随着晶体管的数量以及时钟周期的频率提高而成比例增加。

之后，随着互联网的发展，计算机可以完成制作专业画质的影片、将电视视频发布至互联网、实时的视频通话、3D 图形的实时渲染（绘制）、MP3 文件的高速编码（数据压缩）等各种各样的工作，其处理器也越来越向细微化、高集成化发展。到了 2007 年的 Core 2 Extreme CPU 与 2008 年的 Core i7 CPU，其功耗已经增加至 150 瓦特。

英特尔的微处理器历史正可谓是计算机依据"摩尔定律"提高功能、性能的发展史。在 IT 领域，近 40 年来晶体管的数量达到过去的 40 万倍，处理速度的指标达到 3 万倍。这也同时意味着 IT 设备耗电量的增长与加速。

第二是"森定律"，即"宽带流量（Broadband Traffic）随着用户人数的增加呈几何级数增加"的经验法则。流量（Traffic）是指在互联网等上面交换的所有信息量。

英特尔公司等提供的微处理器构成了网站服务器的心脏，世界各地的人们使用包括手机在内的计算机相关设备意味着其访问网站服务器时的信息量会呈几何级数增加（图 6）。尤其是中国、印度、巴西等新兴国家网络用户的加入，使得其数字获得爆炸性增长。

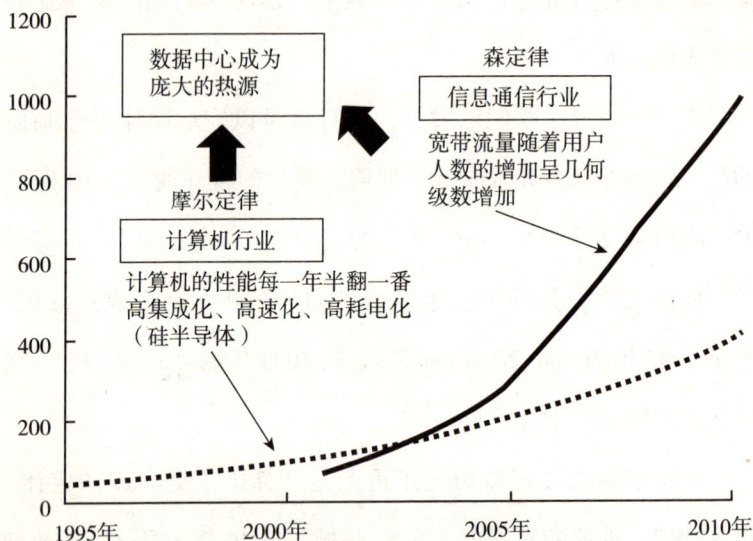

图 6 "摩尔定律" 与 "森定律"

其结果导致为了储存庞大的数据、满足互联网用户的需求，IT 企业的数据中心越来越庞大化，即增加了能源的消耗。

本章开篇所提到的 IT 企业开始致力于电力行业正是因为这一原因。

随着 IT 相关耗电量的增加，美国埃森哲公司于 2008 年 6 月 26 日发表了"数据中心耗电量的相关预测报告"。该报告表示"在主要看法上同意美国环境保护局（EPA）在 2007 年 8 月发表的美国国内数据中心耗电量的相关调查报告"。这是该公司参加在加利福尼亚州圣塔克拉拉县召开的"数据中心·能源·峰会 2008"时明确提出的。该报告是通过与数家引进最新技术的大规模数据中心的合作,花费 18 个月以上的时间收集与电力相关的数据,并基于 17 个实例研究所调查、分析、预测的结果。EPA 的报告指出 2006 年数据中心的耗电量为 600 亿千瓦时,占美国整体耗电量的 1.5%。其中联邦政府机关的数据中心的耗电量约为 60 亿千瓦时。报告称,照这样发展下去的话,预计到 2011 年耗电量将达到 1000 亿千瓦时,要满足这一耗电需求量需要新建 10 家发电站。

另一项调查如图 7 所示,日本经济产业省在 2008 年启动了绿色 IT 项目。该项目正是预测到 IT 设备的耗电量到 2025 年将占国内总耗电量的 40%、到 2050 年将占 50% 才开始筹备的。

数字信息革命促进了生活便利性与生产效率的提高,但同时也逐渐形成了耗电量庞大的社会。意外的是,这一点并没有受到人们的关注。技术革新带来了社会发展,同时也必然带来了下一个课题。我们应该通过"环境能源革命"来解决数字信息革命所引发的"增能社会"问题。

目前：IT设备5%（总耗电量）→50%（2050年）：经济产业省　kW·h=千瓦时
※大部分为数据中心的需求

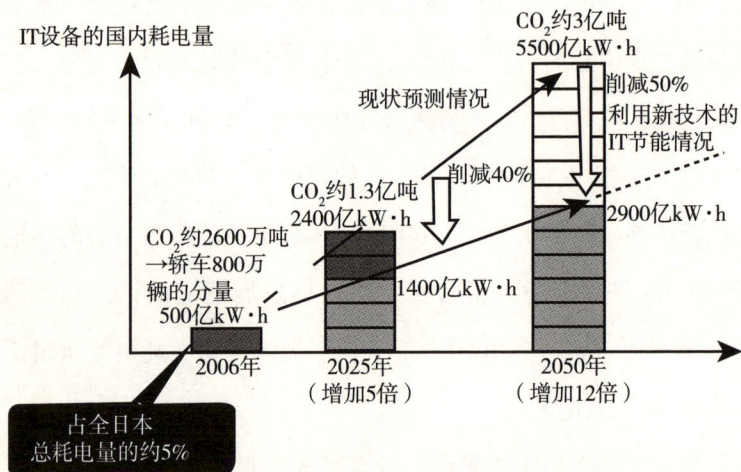

IT设备的国内耗电量

CO_2约3亿吨
5500亿kW·h

现状预测情况

削减50%
利用新技术的
IT节能情况

CO_2约1.3亿吨
2400亿kW·h

削减40%

CO_2约2600万吨
→轿车800万
辆的分量
500亿kW·h

1400亿kW·h

2900亿kW·h

2006年　　2025年　　　　2050年
　　　　（增加5倍）　　（增加12倍）

占全日本
总耗电量的约5%

※2050年的预测值是以2025年CO_2预测值线性延长得出的结果。

图7　经济产业省绿色 IT 项目

"保护地球环境" 的世界舆论

　　自工业革命以来，人们一直依靠消耗地球上的化石能源等
所有资源来追求繁荣发展，然而该模式现在遭到了质疑。这一
形势随着全球气候变暖问题的日益严重而愈演愈烈。如今，减
少利用能源时对环境产生的负荷已经成为全球公认的重要课题。

要解决能源供求的相关问题，世界各国拥有保护地球环境这一共通的"观点"是十分重要的。将来，如果气温上升、海平面上升等情况以全球性规模发生的话，恐怕将会对食物供给和居住环境等方面带来重大的影响。因此，各国已经开始合作降低二氧化碳等温室气体的排放。

对保护地球环境达成全球性共识的象征之一是防止地球气候变暖的条约《联合国气候变化框架公约》。该公约是国际社会就全球气候变化问题进行国际合作的一个基本框架。其中确认了大气中温室气体的增加导致了全球气候变暖，并有可能会对自然生态系统带来不良影响，这是人类需要共同面对的课题，同时提出该公约的目的还在于防止大气中温室气体的浓度过高，保护现在与未来的气候。温室气体包括二氧化碳、甲烷、一氧化二氮、HFCs（氢氟烃）、PFCs（全氟化合物）、SF_6（六氟化硫）。公约规定了防止气候变化所带来各种不良影响的方法、流程，等等。

该公约的缔约方每年都会召开缔约方会议（COP）。其中1997 年 12 月在日本京都召开的第三次缔约方大会发挥了重要的作用。之前 COP 对 2000 年以后并没有做出充分的规定，因此在该大会上签订了规定具有法律效力的数值目标的《京都议定书》。但是美国没有批准，而且中国、印度等新兴国家没有背负降低温室气体排出的义务等问题浮出了水面。

不过，2009 年除了第 15 次 COP 以外，还召开了各种国际分科会议。人们尝试着去解决这些问题，而且国际化合作的倾向也更加明显。详细内容将在第 8 章进行详述。

此外，美国第 45 任副总统阿尔·戈尔制作的纪录片《难以忽视的真相》获得奥斯卡奖，阿尔·戈尔本人也获得了诺贝尔和平奖。这些都可以视为全球在解决环境问题上达成共识的表现。

综上所述，除了资源枯竭问题以外，在环境问题方面，以石油、煤炭为中心的能源使用问题也开始受到人们的质疑。

DIGITAL COLUMN vol. 1

模拟信号与数字信号

声音与影像以前都是模拟信息。用麦克风录音，用摄像机录像。声音原本是在空气中传播的纵波。这种波在传播时局部会产生压力，造成空气有疏有密，其振动频率高时则是高音，反之则是低音。人在说话时或通过扩音器发声时，声压会使周围空气的物质密度时高时低，从而被人耳识别。

音速由于气温不同会有细微的变化，不过一般为秒速 340 米（时速 1250 千米）。战斗机的最高时速超过了 3000 千米，因此是超音速的。由于声音是空气的振动，所以无法在真空中传播。而影像是光，所以能以秒速 30 万千米的速度在真空中进行传播。

在处理声音与影像信息时，一般来说前者使用麦克风、后者使用摄像机来录制。在电话发明（1876 年）之后的很长一段时间内，麦克风都是将声压转换成电流的设备，即其处理的是模拟信息。而播放电视节目也是将摄像机拍摄的信号转换为电流进行传播，直到不久之前，其处理的也是模拟信息。

然而，"数字信号处理"与"互联网"彻底起颠覆了这一模拟信息的世界。我们每个人都与这两大革新有着密切的关联。

这便是第三次工业革命——数字信息革命的开端。这些技术已经拥有 40 多年的历史了。

我认为"数字信号处理"的起源是"快速傅里叶变换"。自 1965 年，詹姆斯·库利（James Cooley）与约翰·图基（John Tukey）提出"快速傅里叶变换"这一算法以来，人们发现用数字信息取代模拟信息拥有许多优势，如可以用频率轴的变化来代替时间轴的变化，等等。

拿声音来说，时间轴意味着节奏（tempo），而频率轴意味着音程。我们可以举一个例子来简单地理解"快速傅里叶变换"，即使用机器为"唱卡拉OK打分"。机器在为卡拉OK的演唱者打分时，主要是检测其能否跟上旋律（节奏），音高是否准确（音程）。因此，只要通过"快速傅里叶变换"，就可以马上为卡拉OK的演唱打分。原信号是时间轴的信号，所以与歌声的信号相比较即可得知节奏是否一致；将原有音乐与歌声进行快速傅里叶变换，变换为频率轴的信号并进行比较，即可得知音程是否一致。

应用这种变换处理的技术叫作"信息压缩技术"，通过压缩信息可以大幅度削减信息量。实现该技术的两大决定性因素要数 1974 年德克萨斯大学 K. R. 劳（Rao）等提出的 DCT（离散余弦变换）与东京大学（当时）的羽鸟光俊等人提出的运动补偿。以前信息就算使用高价的传输线路也只能传输较短距离，而通过这两大发现，可以使信息不受影响地进行长距离传输。同时还能在 DVD 光盘等存储媒体上记载大量信息，甚至可以向无线网络覆盖的区域发送大量信息。

最近的手机网络不但可以传输声音，还能发送音乐与视频动画。这正是因为"调制解调器（modem）技术"的进步，即在压缩信息的基础上利用数字信号，在一定的电波区域内传输数字信息，提高了信息传输效率。

这一原理对数字广播电视也是有效的。与普通画质的电视模拟信号相比，在相同的电波区域，地面数字信号能够播放高清电视节目。

在开始播放数字广播电视时，笔者也参加了这个官民一体的开发工作。

第 3 章　世界各国的举措

期待与热情

2008 年 9 月，由"雷曼事件"引发的全球金融危机让全世界都陷入了巨大的混乱当中。数字信息革命使金钱能瞬间席卷整个世界，而在此基础上发展起来的国际网络又导致了这场危机。换言之，也可以说这次危机反映了数字信息革命的极限。

人们逐渐意识到，一直依附于交换信息而不生产物品的时代价值观是没有未来的。同时，创造新产业的机会也开始在全世界涌现。

其中最受关注的便是太阳能发电、电动汽车等环保相关产业。如今这些技术已经发展得足够成熟，剩下的只是成本问题了。以前漠视环境问题的经济、产业界也重新认识到环保相关产业的市场拥有广阔的前景。最近，世界各国从大企业到风险企业都开始正式向这一领域进军。

同时，从保证就业的观点来看，培植新产业对各国政府来说也是必不可少的。从很早以前便开始致力于普及太阳能发电的德国便是最佳例证。德国通过致力于太阳能发电、发展太阳能电池产业，创造了 5 万个就业岗位。现阶段太阳能发电仅占国内发电量的 1%，就已经产生了如此多的就业岗位，所以如果太阳能发电量比例提高的话，就有望创造出更加庞大的就业岗位。此外，整个欧洲从很早开始开发的风力发电如今已经创造了 10 万个就业岗位。

奥巴马总统在就任时就以"绿色新政"为口号。2009 年 9 月，奥巴马总统发表了"美国创新战略"，决定向电动汽车、太阳能电池、生物燃料等尖端技术开发投入巨额预算，企业与基金的资金也纷纷投向太阳能谷，这点在前文中已经论述过了。

日本政府自民主党掌握政权以来，也开始正式投资太阳能相关产业的开发。各国的动向促使世界各地杀入全球性开发的竞争当中。可以说，终于到了世界各国官民一致迈向第四次工业革命的时机了。

智能电网的前景

无论是从普及太阳能发电方面来看，还是从经济的影响效果来看，现阶段广受瞩目的是"智能电网"。

"电网"（grid）是指从集中型的发电站向办公室、工厂、普通家庭等个别消费者输送电力的供配电网。而"智能电网"是指从发电设备开始输电、变电、直到配电至个别消费者的过程中有效利用ICT（信息通信技术）的新型供配电网。

那么，为什么太阳能发电需要信息网络呢？

太阳能发电是在住宅、办公室或工厂等地点安装太阳能板，将太阳光转换成电流来进行发电。发电的电力供给自家或办公室等使用，多余的部分会输送至电力公司的电网（供配电网）。而如果自己家或办公室等发电的电力不够时，则需要由电力公司的电网补充输送其他家庭太阳能发电的电力，或是发电站通过火力发电、核电等生产的电力。也就是说，电力是双向输送的，有时从电力公司的发电站输送给家庭，有时从家庭输送给电力公司的电网。

在不久的将来，也许所有能源的消费者都会开始利用太阳能发电。正可谓是日本1亿总国民的发电站。如果真的实现了的话，电力就需要在如此庞大数量的消费者之间进行互相输送。

而且，太阳能发电有发电量不稳定的缺点。比方说，晴天可以大量发电，但是阴天或者是雨天的话，发电量就会非常非常小。夜晚当然是不能发电的。电力公司需要补充这些不稳定的电力，同时还需要减少现有集中型发电站的发电量，换言之其在处理时必须像走钢丝一样小心谨慎。如果弄错供求导致"停电"等情况的话，就是电力公司的失职了。

想要在现今时代稳定地供给电力，首先必须实时掌握各发电站能供应多少电力、各蓄电设备可以存储多少电力等信息。因此，需要为家庭、办公室、工厂等消费者与电力公司之间架构信息网络。另外，还需要许多其他信息，这些留待后叙。总之，交换此类信息的网络系统即是智能电网，其可谓是在同时使用太阳能发电与其他发电的电力时不可或缺的系统。

具体来说，一般认为智能电网需要具备以下功能：

①在供配电网上安装传感器，能迅速检测到停电等故障。

②连接太阳能发电等可再生能源的电力系统时可进行控制。

③面向电动汽车及插电式混合动力汽车的基础设施的完备。

④在耗电高峰期调整家庭与企事业单位用电量的"按需管理（Demand side management）"功能。

⑤网络控制型"智能电表"的整备等功能。

这里所说的"智能电表"是指为了实现远距离计量用电量、控制用户端，而将"广域无线/近距离无线/电力线通信功能"一并嵌入电力测量控制系统中的测量仪表。

然而，电力公司还有另一个烦恼。那就是电力公司发电的电力与家庭发电的电力混合存在于电网中，因此能否保证电力的质量安全是一大问题。电力公司供给的是方便输送的交流电，而太阳能发电则是直流电，因此需要通过变压器将其转换为交流电之后再输送向电网。

电力公司一直保持着正确的、稳定的交流电频率，东京是50 赫兹，关西则是 60 赫兹。在此解释一下，50 赫兹是指电流信号幅度每秒在正负极变换 50 次，60 赫兹则是变换 60 次。电力公司究竟能否使用安装于家庭的简易型变压器保持正确的赫兹数，这点也令人担忧。

当然，如果太阳能发电量少的话，向电网中输送如 53 赫兹、58 赫兹之类不稳定的电流也并没有问题。一般来说，向电网中输送的太阳能发电的电量只占整个电网的 1% 的话是没有问题的。也有人说，许多家用电器实际上是将交流电转换为直流电之后使用的，所以根本就不会出现问题。当然，电力公司作为供电负责人必须考虑到万一的情况。这使得电力公司对引进智能电网等太阳能发电系统表现出保守的态度。话虽如此，但落伍于世界潮流的后果是不堪设想的。从 2009 年开始到今年，日本的电力公司也开始进行各种调查与实验，积极地致力于该领域的发展。

美国的智能电网热潮

美国已经掀起了智能电网热潮，电力企事业单位、电力设备相关企业、IT 设备供应商（销售公司）、半导体厂商、通信企事业单位等各种企业群体都争相投入这一热潮，呈现出一片欣欣向荣的盛况。

其背后也有政府鼓励的原因。美国能源局为了让美国企业能够取得全球标准化的主导权，在 2009 年发布了智能电网的行业标准。能源局在该发布中强调了智能电网有必要制定保证其可通用于各系统的标准规格。

其中共规定了 16 种标准规格，让我们来看看具代表性的几个标准：

①智能电表与基础设施网络的数据交换。

②电费的实时通知方法。

③变电站与馈电线（供电线）的设备控制。

④各级输电网段的数据安全管理方法。

⑤住宅内的家庭自动化。

⑥智能电网与住宅内设备的通信控制方法。

⑦无线/电力线通信（Zigbee/HomePlug）的智能能源分析。

除了美国政府的智能电网推进政策，奥巴马政权还为美国能源局（DOE）划拨数十亿美元的预算作为紧急经济对策"美国复苏与再投资法案"的一大措施。这些资金分配给了各大州的智能电网项目，各大州自然也积极地推进智能电网项目的实施。

其中规模最大的要数新墨西哥州。该州成功获得了 500 亿日元的预算，并于 2009 年 2 月向日本提出了"绿色电网"的共同研究项目。日本决定参加，以东芝为首的 60 家企业参与了这一项目。

"绿色电网"的主要研究内容有：

①输出功率 5MW（500 万瓦特）级的发电站（1MW 级太阳能发电/2MW 级蓄电）。

②向 1200 户家庭（每户 3 千瓦）供电。

③向 1 所学校（500 千瓦）供电。

④企事业单位的连续供电（50~250 千瓦）。

⑤各户使用智能电表的按需管理等。

此外，随着美国发展智能电网的热潮愈演愈烈，企业之间开始了始无前例的合作活动。其中最具代表性的例子便是通用与谷歌在新一代电力技术领域的合作。据两家公司 2008 年 9 月发布的新闻主旨，为了解决能源和全球气候变暖问题，两公司将在①"智能电网"；②"地热发电"；③"插电式混合动力汽车接口"三大领域进行合作。

关于智能电网，双方合作内容如下。

首先，假定"通过 IT 将电力网络变革为更加高效的分散型智能电网，该技术通过能源技术与计算机操作的融合可以做到"。基于这一观点，在各个领域获得大量实际成绩的两公司联手，旨在为智能电网的普及做出贡献。通过 IT 来克服数字信息革命产生的大量能源消耗，这正是跨越第三次、第四次工业革命藩篱的尝试。

两公司都主张需要通过智能电网来掌握每个用户的电力使用情况。这是因为太阳能发电与风力发电等会受到自然环境的很大影响。为了实现稳定供给电力，只有能够掌握何人何时使用多少电力的实际使用情况，才能制定诸如以何种速度引进自然能源等计划。

其次，两公司在电力供给方面都强调联邦政府需要起主导性作用。美国有许多家电力公司，而且每个州的规定都不相同。其结果造成了每家电力公司的经营状况、电力使用情况等不尽相同，在这一现状下制定行业标准是很难的。换言之，想要推进智能电网的发展，制度上的问题比技术上的问题要更大。因此两公司共同向政府提出了建议。

另一方面，谷歌已经向市场投入了以普通家庭为对象的"谷歌电表（Google PowerMeter）"软件，其主要特点有：①能显示每种家电耗电量的网络软件；②每隔数分钟即通知家庭耗电量的功能；③不经由电力公司、直接面向消费者等。

通过安装此类软件，可加速实现能源实时使用量的可视化。预计用户会因此发生行为上的变化，达到平均降低 5% ~ 15% 使用量的目标。实际上，安装这一系统的该公司员工在过去 1 年时间内达到了降低 64% 耗电量的水平。

智能电网与空白频谱（White Space）

在推进智能电网时，必不可少的是构建以显示耗电量为主的各种数据的信息流通网络。铺设新的通信网络的困难性就毋庸赘言了。相比之下，如果使用无线网络则工程费会少很多。其中，广受瞩目的方法之一便是空白频谱。

空白频谱是指使用多余的电波频段，具体来说就是尚未被充分利用的广播电视频谱，即间缝中的频谱。日本将广播电视用的电波（VHF 与 UHF）分给每个广播电视局大约 40 个频道的频谱供其使用。然而，局部地区实际用于播放广播电视的

VHF、UHF 加起来大约只有 10 个频道，剩下的 30 个频道则没有被使用。每个国家都有这样的空白频谱。

也就是说，可将这种空白频谱用作智能电网的通信电网。特别是电视信号频带就算有障碍物也能将其绕过，所以其一大优点是易于接收。当然，空白频谱不仅能用于智能电网，还有多种多样的用途。

比方说，在日本已经普及的"地区单频段（area one seg）"手机电视标准使用的就是数字广播电视的一个频段，所以才叫作"单频段（one seg）"。数字广播电视每个频道本来有 13 个频段，而为使单频段的节目只在手机大小的终端播放，所以通过压缩画面、降低清晰度，将每个频段压缩至其 1/12，即可实现在单频段里汇集 13 个频段进行播放。此外，其还可以为指定的广播电视台使用，比方说仅限在某个特定地区或是某家特定店铺播放，等等。

当然，日本与韩国由于国土面积狭窄，人口密度高，因此几乎所有地区都安装了光缆，而且手机天线也无处不在。所以我们对通信线路的关注或许有些不足。然而在美国等拥有广阔土地的国家，由于人口密度低，所以建设基础设施比日本、韩国所花费的成本要高得多。因此，通信线路的相关基础设施至今仍未建设完成。如果可以利用空白频谱的话，就能一举解决此类问题了。

在美国，以谷歌、微软为中心的 IT 企业已经盯上了这些未被利用的电波频段。他们向政府要求开放美国的电波，美国联邦通信委员会（FCC）同意了这一请求，允许其使用时不需要经过批准。这表明了美国对有效利用空白频谱的设备 WSD（White Space Device）的期待。

当然，在投入实际使用时还有一些相关的课题，即需要正确地测定、检查每一地区不同的空白频谱，在调节电波的输出时注意不能干扰到已经用于广播电视的频道。这一全新的利用电波的设想与能源信息结合在一起时，将会创造出巨大的可能性，这点留待后叙。

美国在 2009 年 10 月 23 日开始了使用空白频谱的宽带通信服务，这是美国应用空白频谱的最早案例。该服务是由新兴企业 Spectrum Bridge 公司提供的，他们使用已经停用的旧模拟信号电视频道来提供无线宽带网络通信服务。该公司从美国联邦通信委员会（FCC）获取了空白频谱的使用资格，在弗吉尼亚州的克劳德大厦向学校、计算机数据中心提供无线宽带服务。该地区过去无法连接宽带，在该公司提供这一服务之际，戴尔电脑、微软以及致力于解决通信问题的非营利机构 TDF 基金向其捐赠了最新的计算机系统等。

日本的智能电网

与美国的智能电网热潮相比，日本受到以电力企业为中心的保守势力的影响，一部分人甚至认为日本不需要智能电网。其论据是日本的电力网络已经具备高度的通信功能，而且也一直在进行维修并加强功能，因此由电力公司进行供电就已经足够了。

美国的电力网络在传感器和网络控制功能等方面还有许多不足之处，因此遇到停电等事故时，通常需要花费较长时间才能恢复。这种情况在日本是不会发生的。

美国的电力公司建设基础设施较晚的很大原因是他们没有像日本的东京电力、关西电力这种大型电力公司。而且受电力自由化的影响，美国有许多小规模企业都尽可能地将网络设备投资控制在较低水平。于是，日本不需要智能电网这一言论的核心观点便是："美国投资智能电网的建设是合理的，但是日本已经拥有完备的基础设施，因此不需要智能电网。"

然而，电力公司构建的电网只是从集中型发电站向消费者供电的单向型供电系统，而今后的社会需要的是双向型供电系统。通过以前构建的基础设施是可以解决一些问题，但是还有许多不足之处。引进智能电网对日本来说应该也是不可缺少的。

因此，"日本版智能电网"的发展也逐渐开始萌动。大型电力企事业单位组织的电气事业联合会（电事联）也开始探讨"日本版智能电网"的课题。2010年2月，电事联的会长森详介（关西电力社长）表示："我们要有危机意识，加快速度致力于智能电网的开发。"

电事联在进行以下探讨的基础上，还实际开始了实验。

①讨论可以满足大量使用太阳能发电的供电网络的现状。

②开始为智能电网收集基础数据。

③讨论与美国IT企业推进的"智能电网"所不同的、适用于日本的供配电网络的智能电网。

实验首先在可以进行小规模实验的离岛开始，九州电力、冲绳电力宣布将进行"离岛微电网"的实证性实验。其概要如下：

①有效利用太阳能等可再生能源。

②在太阳能发电之外还引进了蓄电池设备。

③有效利用"离岛独立型系统新能源引进实证事业补助金"。

④验证电力系统与可再生能源的关联。

此外，学术研究活动也得到了积极开展。东京工业大学从 2010 年开始与东京电力、东芝、日立制作所等公司合作，为构建新一代供电系统"日本版智能电网"而共同开始了实证性实验。起初他们设想太阳能发电会使发电量产生变化，将剩余电力大量输送至电力公司的供电网络时，有可能会由于频率变动而导致电器无法使用。因此，他们的目标是通过实验发现能把对供电网络的影响控制在最低限度的方法，并且开发有效利用电力的控制设备。

京都大学信息学研究科的松山隆司教授认为"能源信息化"有以下三大目标：

①安装在使用室内设备、家电等时让电力、热能"可视化"的系统。

②努力推进家庭用蓄电池等能源的有效利用，开发电力控制信息的传输协议（通信次序）。

③以建立日本特有的能源信息化为目标。

综上所述，智能电网市场被视为新的商机，各大企业都积极、迅速地向这一领域进军。智能电网还需要电表、供电设备、蓄电池、通信线路等设备，预测其市场在 2020 年将达到 2 兆日元，在今后 20 年内总额将达到 95 兆日元。

日本的现状与课题

那么，我们应该如何认识日本太阳能发电的现状呢？首先来看看日本在全世界中的排名。

太阳能发电的关键技术——太阳能电池各国每年的进口量如表 1 所示。2008 年西班牙居第 1 位，德国居第 2 位。日本在欧洲各国当中相当于第 4 位，在全世界排第 6 位。

此外，根据太阳能发电信息（数据来源为 2009 年 4 月、资源综合系统），在各国生产份额当中，中国居第 1 位，占 26%，第 2 位是德国，占 19%，第 3 位是日本，占 18%，中国台湾地区居第 4 位，占 12%，美国居第 5 位。

表 1　欧洲各国太阳能电池进口量排名

（Wp／inhab）

1	西班牙	75，19
2	德国	65，08
3	卢森堡	50，46
4	比利时	6，67
5	意大利	5，33
6	捷克	5，23
7	奥地利	3，62
8	荷兰	3，35

9	塞浦路斯	2，65
10	希腊	1，65
11	法国	1，43
12	芬兰	1，07
13	斯洛文尼亚	1，06
14	瑞典	0，86
15	丹麦	0，59

EurObserv'ER 2009

太阳能发电的基础——太阳能电池元件的生产相关数据如表 2 所示。在 2008 年的全球市场上，太阳能电池元件的各大制造厂商所占的市场份额为：德国 Q-Cells 继前一年夺冠后再次排名第 1 位，美国 First Solar 公司居第 2 位，中国尚德太阳能电力有限公司（Suntech Power）居第 3 位，日本夏普居第 4 位、京瓷居第 6 位、三洋电机则倒退至第 10 位。

这一结果是极其令人不满意的。自不待言，日本在太阳能电池技术领域拥有三洋电机、夏普、京瓷等享誉全球的企业。这些日本企业不仅能生产高效的太阳能电池元件，而且在太阳能电池组件领域也拥有超一流的高性能产品群。为什么拥有这么多优秀企业的日本无法使产量达到首位呢？

表 2　各大企业的太阳能电池生产的世界份额（MWp）

EurObserv'ER 2009

企业名称	国家	生产技术	产量		生产能力	
			2007 年	2008 年	2007 年	2008 年
Q-Cells	德国	结晶/薄膜	389	574	760	800
First Solar	美国	薄膜	206	5 026	735	1 000
Suntech Power	中国	结晶/薄膜	327	4 975	1 000	1 000
夏普	日本	结晶/薄膜	363	473	710	710
JA Solar	中国	结晶	102	300	500-600	600
京瓷	日本	结晶	207	290	300	650
Yingli Green Energy	中国	结晶	150	2 815	400	600
Motech	中国台湾地区	结晶	196	272	580	580
Sun Power	美国、菲律宾	结晶	150	2 369	414	414
三洋	日本	结晶/薄膜	165	215	340	500

这是因为日本将这些技术因素构筑成社会系统的力量过于薄弱。当然，通过可再生能源进行发电、适合该发电形式的供电系统、配电网络的整体系统的设计以及支持这一体系的法律制度不够完善也是原因之一。日本产业界的技术能力不亚于世界任何国家，但是政策背后的深思熟虑则远远不如欧盟（EU），这是不容否认的事实。

日本曾经是全球最为先进的节能国家，在太阳能领域也曾拥有绝对性的优势，为何如今却走上了没落的道路呢？在思考这一问题时，笔者听到了一个颇具深意的故事。

那是笔者在参加总部设于鸟取县米子市的中海电视台 20 周年纪念典礼（2009 年 10 月）与纪念讨论会时的事。出席人员有相泽英之先生（原大藏事务次官、原众议院议员）、浜田和幸先生（未来学学者）、末次克彦先生（亚太能源论坛代表干事、原日经新闻评论员）、能势隆之先生（鸟取大学校长）、孔健先生（孔子第 75 代子孙）。

参加讨论会的成员都是十分优秀的评论家。其中 90 岁高龄的相泽先生在回顾 1973 年的石油危机时说道：

"对当时处于经济成长最高峰的日本经济来说，难以保证石油资源供给是一个很大的问题。因此，当时的通商产业省事务次官与经济企画厅长官会面，旨在敦促产业界解决节能的技术课题。具体来说，即让他们通过节省石油资源分别达到削减 20%、10%、0% 的能源，分成这几种情况来解决课题，最终结果使日本产业界实现了 23% 的节能效果。"

在这一过程中诞生了一项最为重要的技术，即使用日本引以为傲的太阳能电池进行太阳能发电。

这项技术使日本迅速奠定了节能技术大国的地位。日本从 20 世纪 70 年代开始便致力于太阳能发电的开发与普及，其生产量与引进量长期领先于世界各国。到 2000 年为止，仅日本本国的太阳能发电量就比整个欧洲所有国家的总和都要多。

然而，自从德国、西班牙等国家实施上网电价补贴（Feed-in Tariff）政策以后，日本逐渐落后于这些国家。上网电价补贴政策是指电力公司将家庭、工厂与办公室等通过太阳能发电产生的电力全部购买下来的制度。这样虽然会加重电力公司的负担，但是电力公司可以将购买成本附加在电费上。德国的电价大幅上升，因此对每个家庭来说，用太阳能发电要相对便宜一些，所以太阳能发电得以迅速普及。受到德国成功的刺激，上网电价补贴政策迅速在欧洲普及开来，太阳能发电也随之得到了发展。

在太阳能发电盛行的地区，太阳能电池的销量自然会增加，进入这一行的企业也会增加，同时竞争也会加剧。在太阳能电池的生产方面，2004 年日本生产了全球大约半数的太阳能电池，而到了 2008 年，日本在全球所占份额降低至 18%。

归根结底，影响太阳能发电系统价格竞争力的最大因素是生产规模，而生产规模在很大程度上受到国内引进太阳能发电的速度所左右。因此，为了保持国际竞争力，能否像上网电价补贴政策一样发挥出政策层面的先进性变得越来越重要。

比方说，2007 年日本国内生产的太阳能电池约有 80% 出口海外。换言之，正是因为在国内卖不出去，才只能对外出口。如果日本国内对太阳能发电也有像欧美那样的需求的话，生产量必然会提高，通过量产应该也会提高价格的竞争力。国内企业的萧条正是因为内需迟迟得不到增长之故。

日本内销的太阳能电池中约 90% 是销往普通家庭。普通家庭是否愿意购买对普及太阳能系统来说是不可或缺的重点。普通家庭市场以个人住宅为中心，不过最近集体住宅的购买量也有所增加。但是，比起欧美国家来，日本国内引进太阳能电池的进展依然不容乐观。

笔者认为其原因之一是政策上的失败。截至 2005 年，政府为促进太阳能发电的普及而提供了一定的补助。因此日本的太阳能发电从 20 世纪 80 年代开始以惊人的速度发展，到 2005 年为止一直呈几何级数增长。然而由于财政方面的困难，政府停止了补助金的提供，这导致国内市场迅速缩水。后来政府终于认识到这一政策的错误，从 2009 年开始恢复了补助金制度。然而，在这段时间内日本已经落后得太多太多了。

　　而且，日本的购电制度比欧洲盛行的上网电补贴政策度要落后不少。因为日本采用的是净计量（Net Metering）电价，即主要由电力公司来购买剩余电力，而且不像上网电价那样强制规定购买价格。日本拥有好几家世界顶级规模的电力公司，实际上他们都自觉以与电价相近的价格来购买剩余电力。因此各个家庭就算安装了昂贵的太阳能发电，也很难收回成本。

　　实际上，净计量电价制度要收回初期投资平均需要花费 20 年以上。这样一来，补助金也无法促进太阳能发电的普及。

　　因此日本环境省在 2009 年 4 月发行的报告书中称，20 年的回收期不利于太阳能发电的普及，建议将回收期缩短至 10 年左右。该报告书还提到用于普及可再生能源的经费（成本）累计达到 25 兆日元。同时，同期的相关收益约为 60 兆日元。即估算结果是收益（回报）要比经费（成本）大得多。这里所说的收益是指以投入的经费为成本所获得的售电收入。同年 3 月，经济产业省对太阳能发电也进行了同样的估算。主要政党也表明了强化政府资助制度的态度。可以说省厅与政府等方面的政策已经逐渐形成体系。受其影响，2009 年通过新能源会议等审议，制定了新制度。

　　该制度的最大特点是，如果是普通的新建房屋，太阳能设备初期投资的回收期与德国一样设定在 10 年左右，并且从制度实施时开始，过去已安装的设备也适用该制度。该制度从 2009 年 11 月 1 日开始实施。

看到这里，各位应该已经清楚，振兴能源产业光凭技术革新是远远不够的。必须让技术与政策发生互动。

在全球范围内，通过由政府主导的上网电价补贴（Feed-in-Tariff）政策推进电力购买的国家急剧增加。以受法律保护的固定价格购买比各电力公司任意设定价格购买更能促进太阳能发电的发展，这点不言而喻。

随着利用可再生能源的发展，量产化自然也会让太阳能电池等产品的成本降低。一般认为以太阳能发电为首的可再生能源的成本在 2020 年之前将降低一半。届时风力、太阳能等可再生能源有可能会占到欧盟电力的 1/3。欧盟在 2008 年 12 月已经决定，在 2020 年之前 20% 的欧盟电力需求将由可再生能源提供。

而日本虽从 2009 年 5 月开始，在新能源会议上探讨了加强政府援助制度，但至今为止具体落实点尚不明确。

日本在其他方面也设置了各种援助制度。比如：经济产业省从 2009 年 1 月开始有条件地实施太阳能发电每千瓦（kWp）补助 7 万日元的政策，通过太阳能发电普及扩展中心负责补助金的发放。此外 2 月份又实施了以大幅度提高剩余电力购买价格为核心的扶助政策。

其他政策措施也正在筹备当中。依次例举如下：大规模太阳能发电站的共同利用系统示范项目、符合住宅金融支援机构负责的优惠融资条件的节能设备安装工程（太阳能）、住宅的翻新融资、新能源企业支援事业（经济产业省、50 千瓦以上）、业务部门技术优先引进补助事业、可再生能源引进加速化事业等（环境省）。

此外，许多省厅提出了"能源供求结构改革投资促进税制"（简称：能源改革税制）的税收优惠、环境共生住宅街道模范事业、住宅·建筑相关先进技术开发扶助事业（国土交通省）、促进住宅·建筑物高效能源系统引进的事业、促进地区新能源等引进的事业、太阳能发电新技术等实地试验事业等政策，日本政策金融公库也对针环境、能源实施特别的贷款政策。可以说各大机构争先恐后地提出了新政策。

地方自治体也做出了提供补助、低利融资、补息补贴等动作。以东京都为例，东京都以购买 10 年的环境价值的形式，从 2009 年 4 月开始实施为太阳能发电每千瓦补贴约 10 万日元的政策。另外，补助金制度并不仅仅限于都道府县层面，还开始在市区町村层面实施。而且可以在领取中央官厅补助金的基础上再领取自治体的补助金。

比如：在东京都内某区领取补助金时，每千瓦可从区政府领取 18 万日元的补助，加上东京都的 10 万日元、国家的 7 万日元，合计可以领取 35 万日元。

下面让我们换个角度，从普通家庭的使用情况来考虑这个问题。由于日本有多种补助政策，加上每种政策的适用标准十分复杂，所以不同政策的引进太阳能发电的成本回收时间在 15 年到 45 年不等，差距非常大。

2009 年 4 月，输出功率为 100 瓦特的国产太阳能板价格为每块 5 万日元，因此如果要购买太阳能发电所必需的整套设备，则新居初装成本大约为 57 万日元/千瓦，而老房改造价平均在 74 万日元/千瓦左右。按这个标准计算成本领取补助金的话，回收期大约是 23 年。如果想将其缩短至 10 年的话，只要引进上网电价补贴政策就毫无压力了。

上网电价补贴政策的引进可谓是普及太阳能发电的关键。

想要普及太阳能发电，向普遍家庭推广是最有效的方法。不过，如前所述，成本方面还存在一些问题。与之相较，对公共设施来说，太阳能发电的成本就不会成为问题。因此，最近在灾害应急避难场所等公共设施中安装太阳能发电设备的事例迅速增加，其目的是为了确保公共设施在紧急情况下的电力供给以及商用电源停电时的电力来源，还有保护环境等。此外，还出现了一些为学校引进太阳能发电（School Solar）的设想，等等。

在鸠山政权时期，日本表示其目标是在 2020 年之前将温室气体削减至 1990 年的 75%。菅直人政权也继承了该目标，想要达到这一目标，还需要设定可再生能源的具体占比目标。

DIGITAL COLUMN vol. 2

互联网的结构

引领数字信息革命的"互联网"是 20 世纪最重要的发明之一。互联网源于 1969 年美国国防部研究计划署建立的网络（ARPAnet）。过去只有母机集中管理多个终端信息的集中型计算机网络，而该系统首次将多台计算机平等地连接在一起，实现了完全分散型的计算机网络，可谓是一项划时代的实验。

其原理是在名为数据包（packet，当时又名信息块 message block）的一团数据前端附上收件方地址与发件方地址并进行发送，网络将识别这一地址并将其发送至正确的收件方。电话线路的交换网络叫做线路交换网，而该网络则叫数据包交换网。

线路交换的方式是在电话用户间建立通路并交换信息，而数据包交换的方式则是每次都只交换数据本身。这种全新交换方式的构想具有很大的自由度，可谓是革命性的创举。这正是数字信息革命的互联网技术的起源。

今天的互联网技术改良了这一原理，让多个网络相互连接，构成了网络中的网络——互联网。

互联网有两大重要技术。第一是 IP（互联网协议，路径控制功能）通信原理，该原理能使数据在通过错综复杂的网络时，也能尽快到达访问地址。第二是 TCP（传输控制协议，终端到终端的通信保证功能）通信原理，该原理可正确、不重复地发送数据包，且拥有应答确认功能。对计算机技术并不熟悉的人估计也听说过"TCP/IP"，这两者正是互联网通信的核心。

因此，可以将互联网定义为"将拥有全世界唯一 IP 地址的电脑（各台计算机）所连接的网络互联，并根据 TCP/IP 原理进行信息交换的、单一的全球化国际网路"。

在数字信息革命的发祥地美国，诞生了英特尔、微软、思科、亚马逊、雅虎、易贝（eBay）、谷歌等大量新兴企业并取得迅速发展。日本也产生了 ASCII、Softbank 等企业，成为新型工业革命的中坚力量。笔者自己也接触到了数字信息革命中的两大核心技术——"数字信号处理"与"互联网"，并且作为技术专家和企业家进行了尝试。后来，孕育出大量新兴企业的数字信息革命对股票市场等金融行业也产生了重大影响。光是在日本便有数百家与数字信息革命相关的企业上市，带来众多的就业岗位与新型产业。

第 4 章　日本模式的确立

能源与信息的地产地销型系统

自然能源不能一概而论，以太阳能为代表的能源形势每个国家都不尽相同。因此，自然能源的利用应该根据各国的气候水土等自然条件来决定。

一般认为，对于国土面积狭窄、已拥有高度发达电网的日本来说，当地消耗的电力由当地生产这种地产地销型模式比较适合。

这种模式起源于"食物"的地产地销型模式。地产地销是本地生产/本地消费的简称，原本的意思是"在当地消费当地生产的农产品与水产品"。其起源是农林水产省生活改善课（原名）从 1981 年开始历时 4 年计划实施的"提高地方食品生活水平事业"项目。

由于民主党大力推进地区经济发展，最近地产地销的观念已经成为了一种潮流。其背后的推手之一便是曾在农林水产省工作的民主党众议院议员篠原孝先生。篠原先生在 2001 年就任农林水产政策研究所所长时提出了"食物里程（food mileage）概念"，之后一直致力于推进地产地销型模式的普及。

食物里程是伦敦城市大学食品政策科教授提姆·朗（Tim

Lang）在 1994 年提出的概念。如果从较远的地区运输食物的话，需要消耗汽油等多余的能源，因此会对环境造成较大负担。朗将这一理论用食物进口量的重量×到出口国的运送距离（t·km）的算式来表示。从生产地到消费地越近，食物里程就也越小，如果要从外国运送的话则会变得很大。

像这样，地产地销模式原本是指第一产业产品的地产地销，但是在日本这样资源贫乏的国家，在能源方面也必须与食物里程一样，考虑重量、运输距离以及信息里程，这是极其重要的。

日本经济的课题

从战后到现在，日本经济的最大课题是能源与食品的低自给率以及高度集中于首都圈。

能源与食品的低自给率问题导致国际问题会迅速影响到日本国内。比方说，国际市场状况受到战争、灾害与天气等因素的很大影响，随着环境破坏的加剧，灾害日益增加。柏林墙倒塌以后，冷战局势瓦解，大国的威胁已经不复存在，但是小型纷争却有增加的倾向。此外，随着新兴国家收入水平的增加，越来越多的国家开始追求丰富的饮食生活，日本购买不到某些食物的情况也有所增加。只要能源与食品依赖进口，就会受到国际市场状况变动的严重影响，导致经济也会不稳定。而且，如果出口国的能源与食品也不足的话，就有可能像第一次石油危机时一样采取禁运措施，如此一来日本很有可能陷入难以保证基本需求量的困窘局面当中。

另一方面，现在地方经济凋敝的重要原因是经济资源配置高度集中于首都圈。日本战后一直采取的政策是将杰出的"头脑"聚集于东京，而将作为"手脚"的工厂分散于地方。然而，日本的制造业在与低薪的中国及亚洲其他各国的竞争中失败，最终导致日本企业也不得不将生产据点转移至海外。这就导致地方产业逐渐空洞化，而且也很难在地方培养能够替代制造工厂的高附加价值产业。这是因为几乎所有信息资源也都集中在东京。

解决这三大课题的秘诀便是"能源与信息的地产地销模式"。

地产地销模式的构建

在构建"能源与信息的地产地销模式"时，遵循以下三大步骤是极为重要的。

第一步是构建太阳能发电、风力发电、水力发电、地热发电等可再生能源的"地产地销型能源电网（配电网络）"。NAS（钠锂）电池与锂离子电池有望用于为可再生能源蓄电。当然，为了进一步推广可再生能源的使用，通过产品标准化使 NAS 电池与锂离子电池的成本降低也是十分重要的。此外，如果能令其可以与电动汽车专用电池通用的话，成本将进一步降低。

在连接电网方面，本地大学研究机构、医疗机构、产业技术中心等地区内关键组织机构（信息电网）以及安装太阳能板的普通家庭（能源电网）都会作为能源供给源，加入能源电网。太阳能板可以安装在屋顶或是墙壁等处。

同时，在可以连接电动汽车充电插头的地区内能源电网节点（连接点）设置急速充电设备。一般来说，最理想的设置场所是加油站、便利店以及停车场等。

第二步是建立以空白频谱为核心的"地产地销型信息电网"。空白频谱如上一章所介绍，是一种全新的电波资源。这种电波原本是地面广播电视波段，因此易于使用，十分适合用作高速信息传输网络。

空白频谱首先用于能源使用信息（地区智能电表）网。地区智能电表具备显示本地能源电网中每个用户耗电量的功能，以及定期通知每个用户耗电量的功能。通过将能源使用信息

"可视化"，既可以使电力公司把控自然能源与现有能源的平衡，而且向用户通知使用信息也会提高用户对能源环境的认识。

此外，考虑到未来的目标是能源的地区自给率达到100%，因而显示可再生能源供给源的发电量以及蓄电站点的蓄电量就显得尤为重要了。

另一方面，数字信息革命的发展使互联网原本的分散概念向以云数据为代表的信息高度集中模式发展。数据集中会导致信息的进一步集中，使信息与产业分布不均。正如人口向东京的高度集中一样，信息也出现了同样的情况。

因此，我们应该回归至互联网的原点——任何人都可以发送信息，来思考分散信息的方法。具体来说，向本地居民提供充足的信息是十分重要的。当地大学的校园信息、地区医疗信息、向地区内各产业（农林水产业、工业、服务业）提供地区内研究机构/产业技术中心信息，这些都会发挥出重要的作用。独有的信息拥有高附加价值，其结果就能收集多种多样的信息。

第三步是第一步地产地销型能源电网与第二步信息电网的合并。

在合并时，需要本着以下几个目的。

①构建消费者参与型的能源电网，以100%的能源自给率为目标。

②构建传感器网络，综合、详细地监视整个地区社会。

③构建地区能源供给信息网络与能源消费信息网络。

④就像谷歌提供的谷歌电表一样，实现环境能源监控/数据的"可视化"。

⑤利用新型电波资源，构建以空白频谱为核心的信息电网。

这种新型信息电网的意义是使用广播电视频段，以及具备适合少子化、高龄化社会的操作简单的电视型用户接口。

最后一步则是通过"合并能源电网与信息电网"来"确立能源与信息的地产地销模式"。

如今日本以构筑地产地销型模式为目标，开始了实证性实验。其中之一是经济产业省的智能电网项目，总共准备了1000亿日元的预算。全国共24个地区提出了议案，最终选择了横滨市、丰田市、京阪奈学研都市（跨京都、大阪、奈良）、北九州市4个地区。

横滨市以东京电力为中心，丰田市以中部电力和丰田汽车、京阪奈学研都市以关西电力、北九州以新日铁为中心。北九州市项目的一大特点是电力公司没有参与，而是计划使用新日铁的燃气轮机发电站进行各种实验。此外，还计划进行与电动汽车相关的实验。

可再生能源

风力发电　水力发电　太阳能发电

例：与CATV局合作

能源电网

办公室　家庭　医疗机构　大学/研究机构

观光地　电动汽车　加油站　便利店

自然环境区域

海洋　山区　气象　农地

信息电网
【空白频谱、互联网】

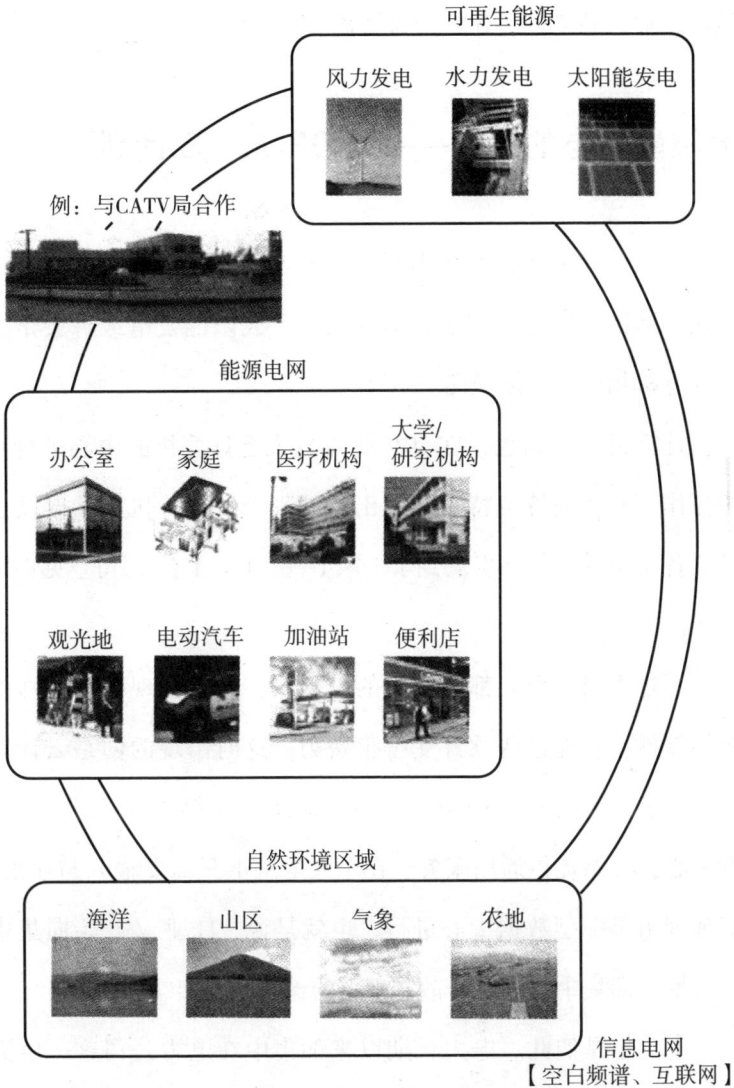

图8　"地产地销型能源电网与信息电网"的合并

预计实证性实验将持续 5 年时间。希望通过发挥各大地区、核心企业的独创性，建立富有特色的地产地销型模式。

太阳能发电的远景——"GENESIS 计划"

那么，太阳能发电在未来将如何发展？会一直持续以上述的地产地销型模式发展吗？笔者认为，太阳能发电或许会走上与计算机相似的发展道路。

计算机一开始也是在 IBM 等设置大型计算机的中心进行集中操作。然而随着英特尔开发出微处理器，计算机开始普及至社会各个角落，最终发展到了 1 家 1 台、1 人 1 台 都司空见惯的时代。

不过，当每个人都有自己的电脑时，就会出现各种各样的个性软件，管理这些软件变得很费力。这时出现的便是云计算机。谷歌、亚马逊、Salesforce.com 等 IT 企业都准备了巨大的数据中心，开始提供通用服务。在个人电脑上只需要输入与输出，管理则由集中型数据中心进行。也就是说，IT 业又开始向集中型发展。即集中技术、分散物理上的输入与输出空间。

电力也是如此。电力长期以来都集中在电力公司这一巨大的发电站。而到了太阳能发电的时代，则走上了每个家庭、办公室与工厂等都可以发电的分散化道路。

估计电力最终将会发展成以下形式。即太阳能电池开发先驱者之一桑野幸德博士（原三洋电机社长）在大约 20 年前所提出的 "GENESIS 计划"，一言以蔽之为 "全球化光状发电网络"。

"GENESIS" 是取 "Global Energy Network Equipped with Solar cells and International Superconductor grids" 的首写字母，在圣经旧约中为 "创世纪" 之义。

根据桑野博士的计算，在研究 "世界能源预计消费量与太阳能电池的必需面积" 时，得出的结论为 "与边长约 800 千米的正方形大小相当" 的太阳能板可以满足全人类所需要的能源。就算太阳能电池转换太阳能的效率只有 10%，有这么大的太阳能板也足够使用了。为铺满太阳能电池所需要的总面积仅相当于世界现存沙漠面积的 4%（以当时计算）。

具体来说，就是在诸如沙漠等辽阔的土地上建设新能源电力的集中型发电站。新能源主要指太阳能电池形式，其次是风力发电形式。用超长距离的高温超导电缆将各发电站与世界各大城市、街道连接，扩张为全球性的 "光伏发电网络"。

如果仅在某个国家进行太阳能发电的话，夜晚肯定会电力不足，但如果在全球范围内进行的话，太阳总会照到某个国家

GENESIS计划

为了实现GENESIS计划

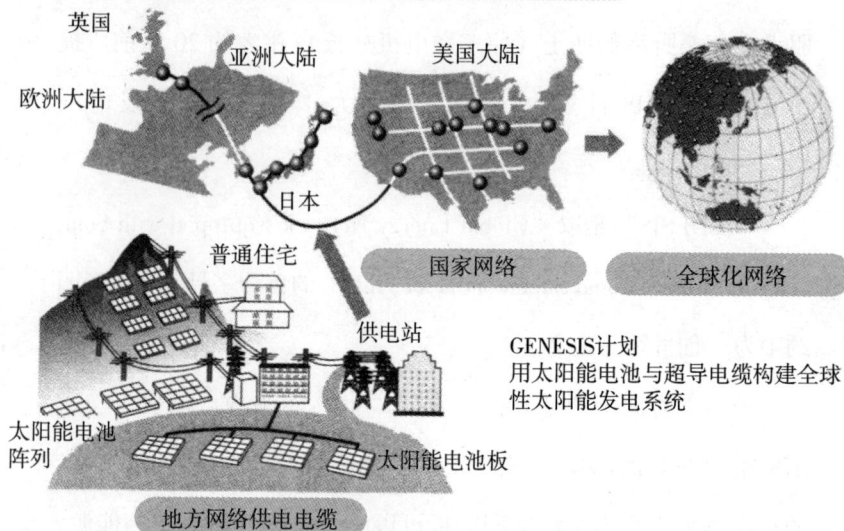

英国

欧洲大陆

亚洲大陆

美国大陆

日本

普通住宅

供电站

国家网络

全球化网络

GENESIS计划
用太阳能电池与超导电缆构建全球
性太阳能发电系统

太阳能电池
阵列

太阳能电池板

地方网络供电电缆

※Global Energy Network Equipped with Solar cells and International Superconductor grids

图9　GENESIS 计划

　　的。也就是说，如果构建全球发电网络的话，就可以 24 小时使用太阳能发电。而且太阳能是取之不尽的，所以不用担心资源枯竭，同时也不会产生二氧化碳。先不考虑电费，仅从资源的观点来看，完全不需要担心节能的问题。

　　太阳能电池、风力发电机以及电压变换器等变压器类的产品在技术上已经基本成熟了。实际上，在太阳能发电领域，德国西门子与德国银行等企业已联合计划在北美撒哈拉沙漠上建立发电站，向欧洲供电。

目前最大的课题是如何长距离输送电力。为了实现"GENESIS 计划"，需要"确立通过集电、供电、配电用高温超导电缆技术与液氮冷却技术构建的供电网络"。

不可忽略的是，日本坐拥以古河电工、住友电工、藤仓电装为首的全球屈指可数的超导电线厂商。此外，日本企业在用于太阳能电池制造的材料硅以及太阳能电池领域本身都具有卓越的竞争力。尽管附加价值较低的材料产业是其产业中心，但是超导供电的普及对日本来说绝对是一个发展的好机会。

DIGITAL COLUMN vol. 3
摩尔定律与森定律

在此向大家介绍作为数字信息革命原动力的两大法则，即著名的摩尔定律与最新的森定律。

前者摩尔定律是由世界上最大的半导体企业、如今实质上已成为世界上最大的计算机处理器公司——英特尔公司的创始人之一戈登·摩尔于1965年提出的一条经验法则，即"半导体芯片上集成的元器件密度每隔18-24个月会翻一倍"的定律。该定律不是物理定律，而是从经验中总结出的法则。根据该定律，半导体的性能会呈几何级数提升。

随着集成密度的增加，计算机为提高处理性能而呈高速化发展。其结果会导致耗电量与发热量的增加。今后，由于发热问题会使集成密度的提高速度有所降低，但从目前来看，摩尔定律依然是预测半导体性能提高趋势的有效指标。

后者森定律是指"宽带流量（Broadband Traffic）随着用户人数的增加呈几何级数增加"的经验法则。流量（Traffic）是指在网络等交换的所有信息量。该命名源自森清先生（原总务省总务审议官）。2001年后日本在向宽带先进国家发展的过程中，在森先生的领导下，在全球首次成功地靠互联网从业人员收集了流量数据，从而发现了这条定律。2007 年 10 月在加拿大渥太华由 OECD（经济合作与发展组织）主办的研讨会上，当时担任国际关系总务审议员的森先生在以"参加型网络社会"为课题的研讨会中介绍了日本的现况等，并且公开了宽带先进国家日本所掌握的独一无二的真实数据。当时的与会者将其命名为森定律。

接下来，让我们再详细地了解一下森先生的演讲内容。也就是说，"宽带与 FTTH（光纤到户）在日本已经得到极大的推广与发展，其费用的低廉与速度的快捷堪称世界第一。然而与我们的预测相反，高速通道越是完备，流通的数据量越是剧增，随之发生了一些通信的混乱情况。此外，一部分用户占有、使用了很大的带宽（通信基础设施）。如何对这些问题采取相应的对策是日本最重要的通信政策课题之一"。之后，森先生亲自向 FCC（美国联邦通讯委员会）主席马丁（Martin）、欧盟的雷丁（Reading）委员等通信行政负责人，还有开发 TCP/IP 协议的"互联网之父"温顿·瑟夫（Vint Cerf）博士以及各国通信企事业机构进行了解释说明，让世界信息通信领域的权威人士们也都了解了这一法则。可以说这证明了日本的信息通信已走在世界的最前端。

第 5 章　太阳能经济

"太阳能经济"的世界

第四次工业革命又称为"太阳能经济"的时代。"太阳能经济"是由 2009 年成立的一般社团法人太阳经济会的代表理事山崎养世先生提出的口号。该法人主要由经济学家、法律学家等成员构成，笔者也自该法人的筹备阶段开始便以科技人员的身份被聘任为特别顾问。

我们可以看出，"太阳能经济"一词凝聚了所有的核心概念。笔者由衷佩服阿尔·戈尔先生与山崎先生这些拥有文科背景及领导力的人们，他们对关键词的设定非常擅长。

接下来，笔者围绕该法人的设立宗旨来介绍即将到来的"太阳能经济"时代。经过两次工业革命，人类获得了蒸汽动力与化学反应的技术，19 世纪的"煤炭经济"、20 世纪的"石油经济"获得了极大的发展。然而，据预计石油将在 21 世纪中期走向枯竭，但石油的消耗量却会一直增长。

另一方面，正如阿尔·戈尔在《难以忽视的真相》与《濒临失衡的地球》当中敲响的警钟一样，化石燃料的消耗导致了温室气体的增加以及异常气象的发生。冰河融化、大河干涸、地下水枯竭、水与食物缺乏等情况越来越严重。其结果导致沙漠扩大、难民增加，引发各种内乱与战争。就算不会直接产生二氧化碳的核电也面临着铀矿的埋藏量短缺、争夺铀矿的纷争、废弃物处理、事故与用于核武器的风险等大量的问题。

因此，从 21 世纪开始需要发动新的工业革命，推动"石油经济"迅速向"太阳能经济"过渡。"太阳能经济"是通过技术与先见之明，让人类能以太阳的恩惠来保证每天的生产生活的新型经济。

构筑以使用太阳能为中心的社会可以节约资源与能源。如果能够由此解决环境问题的话，不仅可以减少自然灾害、内乱与战争，而且可以保证水与食物的供给。同时，还能够培养人们减少纷争、热爱自然的认识，使得人们互相尊重彼此。

换个角度来看，电力是"太阳能经济"的重点。以太阳能为中心，通过包括风力、水力、地热等在内的可再生能源进行发电，而且如果能使用这些电能分解水，制造未来广受瞩目的氢燃料的话，也算是一种绿色燃料。

可以带来多重利益的"太阳能经济"的本质是"平等"。像石油、煤炭、铀矿等埋藏在地球中的燃料储量不仅受到地球这一半径 6400 千米的球体所限制，而且在地理上也分布不均匀。而"太阳能"对地球上所有地区都是平等的。"石油"的价格会根据供需平衡而发生极大的变动，其使用量越大，价格就会越高。而"风力"和"太阳能发电"等可再生能源越是普及，由于可再生设备的量产效果，其成本反而会降低。

"太阳能经济"是一种健全的消费经济，可使人们在节约埋藏在地球里的宝贵资源的基础上变得更加富裕。此外，使用太阳能发电等可再生能源的电动汽车也是比较健全的产业。电动汽车就算以使用化石燃料发电为前提，其能源转换效率也是普通引擎汽车的大约 4 倍。"太阳能经济"能使家电、住宅、办公室、工厂等转变为更加节能、节省资源的形式，促进整个社会走上节省能源与资源消费的道路。人们的认识也会随之发生变化，因此可以建立回收废弃的手机、电脑、汽车、家电等贵重金属资源的循环利用系统。

日本拥有世界上最为卓越的环境能源技术，拥有可以解决全球发展中国家所面临的问题的力量。可以说，将来的时代对这些发展中国家的帮助不仅仅限于以往的资金援助，而应该通过技术力量为解决水与食物问题做出贡献。具体来说，即便从国际竞争力的角度来看，我们也有必要有效利用日本最引以为傲的优秀农业技术、基础设施的建设、以及沙漠的绿化、海水的淡水化和污水的净化等尖端技术，确立环境能源革命的世界标准。因此，日本社会需要率先过渡至"太阳能经济"社会。这一未来社会的一大特点是"国民参加型社会"，而不是以大企业为中心的"企业活动牵引型社会"。个人活动与企业活动在各个地区合作发展，而政府则在背后强有力地支援这些活动。

笔者也一直在为日本实现创造"太阳能经济"这一庞大的共同体而尽自己一份绵薄之力。如果此举能够成功，世界将从能源不足、水与食物馈乏、纷争与战争的困境当中得到解放，日本也会得到世界各国的尊重。

只要利用太阳照射向地球的所有能量中的 1.5% 左右，就可以使全世界所有人获得相当于发达国家的能源消耗量。而且世界人口的增加要求食物必须增产，太阳能的利用在这些方面也是不可或缺的。

"太阳能经济"是使用可再生能源及其周边衍生品而产生的新型经济，它的关键词是"太阳能·水·绿色"。"太阳能经济"这一概念不仅仅是指发电技术，还包括与各种技术、制度合作，通过普及电动汽车、创建绿色农业使地区经济活跃化，建立可循环利用的社会体系之意。如图 10 所示，"太阳能经济社会"是指发展经济与保护环境相调和、消除地区差距、以较少的资源供给人们更高效、舒适的生活的社会，它是一个与循环型社会、环境型社会、共生社会等共通的概念。

太阳能（能源）	绿色（食物）	水（环境）

生命·食物　　　　　环境·资源

流水化
沙漠绿化
农业
生物

通过CO$_2$固定技术
除去污染物质

物流
冷藏技术

绝热涂料
的循环利用

能源

发电	对流·风	供电	蓄电	利用
不产生CO$_2$		地球供电网络	锂离子电池	电动汽车道路基础设施

电解水

太阳能发电	风力发电	直流超导供电	氢燃料电池	铁路等

建设地球·街道　基础设施建设、农业工具、流通系统、循环利用、
行政制度、服务、衣食住、教育·启蒙

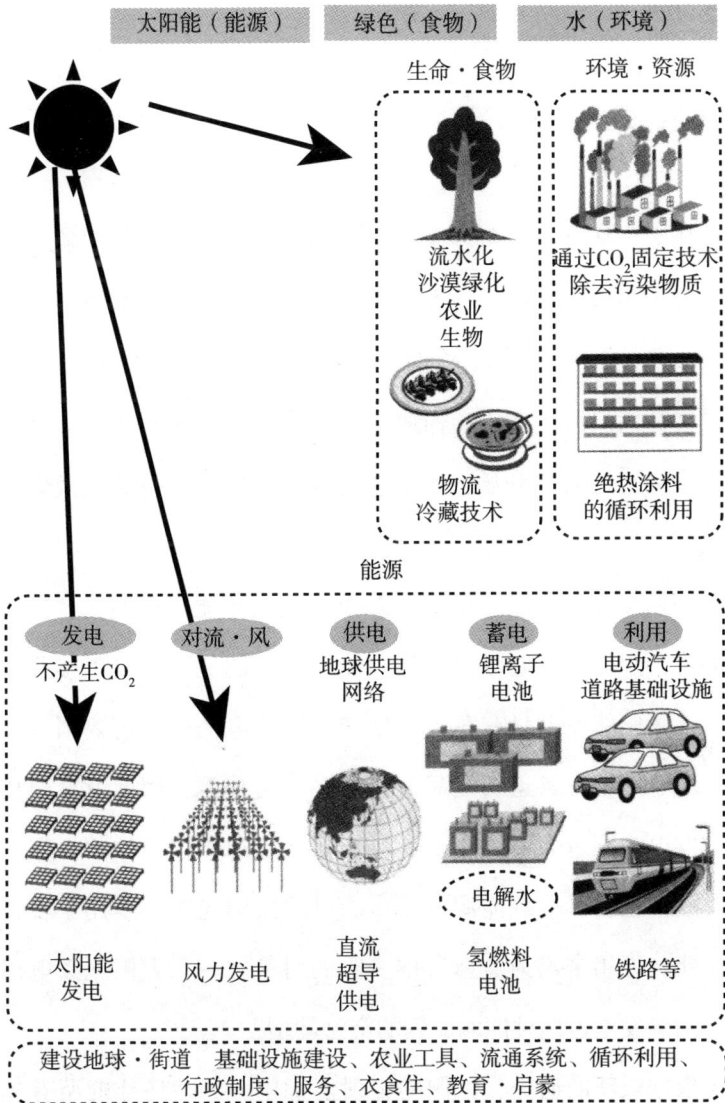

摘自：一般社团法人太阳能经济会

图 10 太阳能经济的概念图

"太阳能" 的概念

那么，从科学的角度来看，太阳能是指怎样的能源呢？太阳能是太阳内部通过核融合反应生成的以太阳光辐射能的形式到达地球的能源。太阳能可以影响地球大气、水流及温度等，使大气与水保持热度，并构成了许多可再生能源与生命活动的基础。从上古时代开始，太阳能便应用于照明、供暖以及农业等领域。

一般来说，太阳能是指太阳光转化的热能与电能，是最主要的可再生能源。地球上凡是阳光照射到的地方都可以接收太阳能。太阳能发电只有在工厂生产太阳能电池时才需要消耗能源。由于系统开始运转之后完全不会消耗能源，因此就算使用火力发电来制造太阳能电池，所获得的能源平均单位的温室气体排放量也会比传统能源少很多。以前太阳光主要是用于转化成热能，近年来作为全球气候变暖的对策之一，太阳光发电以及太阳热发电这两种能源应用的类型骤增。

根据最新的研究，太阳的辐射能源中，到达地球的所有光能换算成瓦特数的话大约为 174PW .（Petawatts，霹瓦，Peta =

$10^{15} = 1000$ 兆）。当然，不是所有太阳光都能到达地表。光能会在大气中被吸收、在海面被反射，损失一半左右，剩下的一半则能到达地表。

到达地表的太阳能会使大气、海洋、地球表面发热，作为热能在一定时间内蓄积于大气圈内，最终变成热红外线，等等，再次向宇宙空间放射。最近引人注目的气候变动，尤其是全球气候变暖现象正是由于破坏了地球能量收支平衡所造成的。

在一定时间内蓄积于大气圈内的太阳能会推动水与大气循环，成为许多生命活动的源泉。亚马逊热带雨林的光合作用正是其中的一例。除了充当构成生命活动的能源以外，太阳能还是其他可再生能源的源泉，如用于风力发电、生产生物燃料，等等。

在保持能量收支平衡的状态下，到达地球的所有能量与从地球放射的所有能量相同，即正负为零。

根据最新研究，地球上人类可利用的太阳能总量约为 1PW（霹瓦），约为现在人类消耗的所有能源总量的 50 倍。因此，只要在地球上的部分沙漠（约 7% 左右 = 戈壁沙漠的 50%）中铺设最普通的太阳能电池，就能满足全人类的能源需求。

此外，根据最新的研究成果，到达地表的太阳能辐射量根据纬度与气候的不同而不同，赤道附近国家约为 $2600kWh/m^2$，南欧约为 1700 kWh/m², 中欧约为 1000 kWh/m², 日本约为 1200 kWh/m²。

太阳能发电的方法

那么, 应该通过怎样的方法来将太阳能转换为可供人们利用的能源呢? 接下来让我们来看看太阳能的利用方法。

太阳能主要用于转换成电能或热能。在第四次工业革命中发挥核心作用的是太阳能发电所生产的电力。

"太阳能发电"使用太阳能电池, 将太阳光直接转换成电力进行发电。这种将太阳能直接转换为电力的发电方法, 又叫日光 (Solar) 发电。这种方法在可再生能源的利用中是最主流的方法, 可以说是利用太阳能的代表形式。

表3　太阳能发电的优点与缺点

优点	作为利用太阳光的可再生能源, 平均单位发电量的温室气体排放量非常少
	如果有太阳跟踪设备的话, 则运动部件需要进行日常维护, 但由于发电部分没有运动部件, 所以需要的维护非常少
	由于是在日本首次投入商业化的技术, 日本产品有可能发展为高品质的、拥有高度国际竞争力的产业

（续表）

	由于是分散型电源，因此在发生灾害等情况下，其影响可以控制在较小范围，并可提供紧急电源
	比起其他电力设施，其发电设备体积可大可小，从家庭用到大规模发电设备一应俱全
	不像核电、火力发电会产生冷却水排放、放射性废物、高温排气等，而且其大部分构成材料可以回收利用
	由于可根据需要邻接设置，因此能够降低供电成本
	能在地球上几乎所有地方，如空地，建筑物的屋顶、墙壁上安装，安装场所拥有高自由度
	输出高峰期与白天耗电高峰期重合，可有效缓和需求高峰
缺点	截至 2009 年，使用太阳能发电板进行发电的成本仍比传统的火力发电、核电要贵两三倍，具体因地区而异
	只能在白天发电，而且发电量会随天气变化而发生变化
	比起过去的火力发电、核电，单位面积的发电量要低

如前文所述，尽管太阳能发电目前成本较高，但是它成为缓和白天耗电高峰、削减温室气体排放量的王牌却指日可待。最近，由于德国开始实施太阳能普及促进政策，使竞争加速升级，因此太阳能发电的性能也得到了迅速提高。而且由于其安装与维护比较容易，作为持续成长的产业，有利于迅速扩大需求。

比起过去的火力发电与核电等集中型电源，太阳能发电也有一些缺点，比方说只能在白天发电等，但其作为可再生能源，在环境方面有着自己的优势。尽管作为商用电源的成本较高，但由于环保上的优点，越来越多的国家开始采取普及促进政策。

下面让我们来看看太阳能发电系统的发电部分。发电部分拥有名为太阳能发电元件的零部件，可将照射的太阳光转换为电力，这些元件的组合体——太阳能电池组件（太阳能板）构成了发电部分。

太阳能发电元件是指以用于电视机、手机、计算机等产品中的硅等半导体材料制造的太阳能电池器件。半导体器件中的电子吸收光能，产生"光生伏特效应"，即将光照射在物质上产生电动势的现象，这就使光能直接转换为电能。

一个元件的输出电压通常在 0.5~1.0 伏。最近还出现了将多个太阳能电池元件层叠在一起的混合型（hybrid）电池与多接合型电池，每个元件的输出电压也在逐渐增加。

当然，不是说电压越高越好，因为高电压的操作会更加困难。因此，为了获得更易操作的电压，一般将太阳能电池元件串联使用。

在实际应用太阳能电池元件的各种连接方式的过程中，"薄膜型太阳能电池"颇为引人注目。这种电池是将数个串联的太阳能电池元件安装在一块底座上，体积虽小但是可以产生高电压。同时，也能有效地完成串联太阳能电池元件的工序。

将太阳能电池元件串联，使其产生高压直至一定电压，并用塑料、玻璃或是金属框将其保护好，不直接露出半导体零部件，这便是人们所说的太阳能电池组件（或是太阳能板）。太阳能电池组件比元件更容易操作，而且安装也很容易。当然，也更加适应室外环境。

生产太阳能电池元件的厂商与太阳能板厂商有时会是同一家企业，有时则会分别有专门的元件厂商与太阳能板厂商。

太阳能电池元件是太阳能发电系统的核心部分。无论是从环保角度来看，还是从成本角度来看，延长元件寿命都是一个重要的课题，所有厂商都在对这方面进行系统的钻研。

换句话说，元件的"寿命"是掌握太阳能电池元件市场竞争力的一大关键。现在大部分厂商都会标明预计的"使用寿命"，或是保证性能的"保质期"。尽管也曾出现由于厂商的质量管理问题导致早期输出功率降低的情况，不过一般来说，在20年内由于普通的时效老化导致输出功率降低的概率不到10%。

最后说点题外话，由于太阳能电池是独立型电池，因此十分适合在宇宙空间中使用。只不过人工卫星等设备在围绕地球旋转时，有时一天的温差会达到近200度，发射火箭时会发生强烈的震动，还有宇宙空间特有的放射线会导致性能恶化等，因此在这种严酷环境中要想使用太阳能电池还需采取相应的措施。如今各国正在设法提高太阳能电池组件的耐环境性能。

太阳能的有效性

如前文所述，照射在地表的太阳能总量极其庞大。一般认为，实际照射在地表的太阳能约为全球所有能源消耗量的 50 倍，因此无论是在日本，还是在世界上其他国家，可安装太阳能发电系统的场所都绰绰有余。接下来就从多角度介绍一下太阳能发电的有效性。

首先要例举的有效性是太阳能电池的生产原料十分丰富。太阳能发电必需的太阳能电池的生产材料主要是硅。硅的原料是一种土，这是地球上存量最多的物质。该资源实际上可以说是无限的，因此完全可以满足预计的需求量。

此外，用化合物半导体制成的太阳能电池尽管有铟等部分资源可能面临枯竭的威胁，但是如果注意节约使用量的话，预计还是可以供长期使用的。

太阳能电池中所使用的硅在欧洲等地需求剧增，到 2008 年为止由于需求量过大，价格也随之高涨，但随着各大太阳能电池元件厂商的增产，从 2009 年开始价格便持续走低。

太阳能发电的有效性还表现在安装场所拥有很高的自由度。太阳能已经实际应用于从计算器、手表到人工卫星等多种场合。在地面安装太阳能发电系统的场所只要保证太阳光能照射到，而且能够承受住太阳能板的重量即可。如建筑物的房顶、墙壁、空地等，安装场所拥有极高的自由度。此外，近年开发的轻量型半柔性（flexible）太阳能电池更是使安装的自由度得到了飞跃性的提高。

另一方面，日本国内的可安装规模以及安装的效果又如何呢？

太阳能发电相比于过去的集中型火力发电站、核电站等，需要有大规模的安装空间。但是，就算是国土狭窄的日本也拥有足够的安装空间。从潜在能力来看，日本引进这种供远大于能源需求的设备也是可能的。

因此，一般认为太阳能发电的引进量应以电力稳定供给的角度来判断。这样计算，可引进的设备应为 100GWp～200GWp（GWp＝Giga Watt peak，千兆瓦特的峰值）。

NEDO（独立行政法人 日本新能源·产业技术综合开发机构）在预测 2030 年之前的技术发展水平时调查了国内可引进量，其结果是单独住宅为 53GWp，集体住宅为 22GWp，大型产业设施为 53GWp，公共设施为 14GWp，其他为 60GWp。

如果以这种速度引进太阳能，当太阳能发电的累计发电量达到 100GPw 时，就会占日本总发电量的大约 10%，达 200GPw 时则占大约 20%。潜在发电容量为 8TWp（TWp = Tera Watt peak，兆瓦峰值），达到现在发电总容量 1TWp 的 8 倍。因此可以认为日本的太阳能发电潜力无限。

根据产业技术综合研究所的调查，日本每年的平均日照量是世界上日照量最多的地区的一半左右。值得注意的是，日本的该数值与美国基本相同，而比率先引进太阳能的发达国家德国要多。日本国内的地理特点是冬天以日本海沿岸为主的降雪地区的日照量、发电量少，而太平洋沿岸较多，相反低温地带的发电效率有时反而更好，所以需要准确地进行布局和调查。

再谈谈成本问题。一般来说太阳能发电的成本比传统型火力发电、核电要贵两三倍，但由于日本也实施了始于德国、如今已有 40 多个国家采用的上网电价补贴政策，因此在 20 年内以固定价格购电（高价购买的成本会加算在电费上），使太阳能发电的电力成本的竞争力得到了迅速提高。

2009 年以后，由于晶体硅原料的生产量增加，太阳能发电的成本进一步降低。高效的薄膜型太阳能电池尽管还没有达到量产化，但预计会更早达到市电平价。在日本，至 2020 年为止削减 25% 的 CO_2 政策也可期望带来太阳能的持续性普及、扩大以及成本降低。

另一方面，太阳能发电几乎不需要运营成本。这是因为太阳能发电系统在运行时不需要燃料费，而且由于结构简单，几乎不需要花费维护管理费用。因此，太阳能发电成本的一大特点是几乎只取决于设备的价格。尤其是在白天的耗电需求高峰期拥有很大的成本优势。

此外，在需要花费巨额的燃料运输费与维护管理费的地方，比方说宇宙空间、离岛、山岳、沙漠等，太阳能在现阶段仍作为最廉价的电源被使用。至于其他的使用方法，如在无法建设电力基础设施的地区，还可期能为配有蓄电系统的独立型系统扩大市场。

独立型蓄电系统举例。

①无线通信网的中继站与航空管制站。

②庭园灯、街灯、停车场发卡机等免维护设备。

③电子计算器、手表等可携带式小型设备。

④汽车的备用电池。

⑤游牧民等的帐篷中所用的电源。

⑥船舶的能源。

⑦卫星、行星火箭等宇宙空间

随着太阳能发电在实际中的普及，有必要开始削减传统型火力发电、核电的发电量。除了太阳能发电的成本以外，估计在填补需求变化差距时也会产生费用。为了同时使用传统型能源与太阳能型能源，需要构建智能电网。智能电网有许多相关产业，会创造出大量就业机会。因此，我们需要进行综合性的探讨，预先考虑到各家庭在开始国民总发电时会出现的情况，加强双向型配电网的功能以及对需求方的控制，等等。此外，由于日本对太阳能电力网络的认识极其保守，我们消费者也应该尽量去理解其创新意义，推动工业革命的发展。

向太阳能发电过渡

以上叙述了地球作为太阳系一大行星所能使用的最为环保的绿色能源——太阳能发电的有效性与目前面临的技术课题。那么，现实中应按照怎样的步骤，才能从过去的火力发电/核电顺利过渡到太阳能发电呢？接下来，让我们来看看具体的措施。

如前文所述，使用太阳能能源无论是从削减 CO_2 排放量的角度来看，还是从节约化石燃料、铀燃料等有限资源的角度来看都是十分有效的措施，不过在现阶段还面临着两大问题，一是成本高，二是由保守的电力系统发展至实现双向配电网络，即智能电网，还需要一段时间。

因此，将发电的电力储存于蓄电池并在当地使用，而不连接外部输电网的方式引起了人们的注意。这叫做"独立型蓄电系统"。如前文列举的例子所示，该系统只有在即使由于夜间太阳光无法照射或是天气恶劣导致发电量降低时，太阳能供电也能满足电力消耗的情况下才有效。

另一方面，如前一章所述，最近将电力公司的配电网络连在一起的"系统串联"似乎有发展成智能电网的趋势，导致了这一领域发生了巨大的变化。

系统串联的重点是会发生将购买的电力往回输送向配电网络的"逆向潮流"现象，这与过去的能源流通路径是截然不同的。比方说，由于事先设想到积极使用太阳能发电的家庭在晚上或者天气恶劣时，耗电量会大于发电量，因此可以控制能源流通路径，使系统方通过稳定的供电来补充电力。如果能够实现这一系统串联的话，可能就不需要上述的独立型蓄电系统了。

像这样，随着太阳能发电所占比例的增加，人们面临的一大课题便是发电的输出功率会随着天气与昼夜更替发生巨大变化。在系统串联当中，如果能源流向迅速发生变动的话，从其他电源调整流向也有可能来不及。关于这种可变性的对策，目前人们摸索出了两种解决方法。

1. 短周期变动（数秒~数十分钟）的对策

像太阳能发电这类分散型电源，比起小规模使用，更适合规模化利用。而且如果安装场所分散的话，高速的变动成分会变得平滑化，因此其对配电网络造成的变动负荷有可能被吸收，达到稳定控制的目的。这叫作"平滑效应"，通过这一效应可以应付一定程度的太阳能发电的引进量。根据美国的调查，为占系统负荷30%以上的设备容量进行系统串联是没有问题的。如果还要增加串联容量的话，根据产业技术综合研究所的调查，就需要依据其规模采取相应的变动对策了。一般认为能够采取这种对策的配电网络即智能电网。

2. 长周期变动（数小时~数天）

如果不通过蓄电，而通过系统串联来普及太阳能发电的话，如前所述在引进量较少的阶段，这一变动暂时不会发生太大的问题。但是当普及加速发展时，白天生产的电力有剩余的话，就需要通过安装在配电网络内的蓄电设备进行流量控制，将剩余电力安排在其他时间段输送。此外，电网（grid）在构建依存于独立太阳能发电的封闭式系统时，需要再安装若干个蓄电设备，使系统平滑化。

太阳能发电板（组件）的安装方向对长周期变动有较大的

影响。安装在普通家庭与企业等房顶的太阳能发电板没有太阳跟踪设备，因此其输出功率达到最大的时间段随着太阳照射的方向不同而不同。一个有效的方法是调整安装角度，特意降低正午时分的最大输出功率，而在其他时间段增加输出功率。

此外，电力需求量会随着时间段发生变动，一般来说下午会比上午要多。因此考虑到电力需求时间，固定型太阳能组件最好不要安装在朝向正南方的位置，向西偏一点才是上策。从正南方向西偏斜数十度，总发电量虽然会减少数个百分点，但由于下午的发电量比上午要高，所以发电效率会得到提高。此外，在夏天的高温地区，由于冷气的需求较大，日照与电力需求的关联会变得更高，太阳能发电的价值也显得更加重要。

总而言之，现在摆脱世界经济危机的唯一方法便是向环境能源相关产业投资，这点已经得到了人们的共识，世界各国开始了在环境相关领域的激烈竞争。关于市场成长性，比方说许多市场调查公司都在预测太阳能发电的核心部分——太阳能电池的世界性市场规模。有预测说2020年将达到10兆日元以上的规模，也有预测说2030年将达到30兆日元的规模。

然而，笔者认为这些市场调查公司的预测过于保守。从现在的经济情况、高纯度硅材料的供给状况、太阳能电池的制造成本等方面来看，预测数据的确应在这一水准，但是我们还需要考虑到太阳能发电可以同时解决世界经济危机与地球环境危机两大难题，从这一意义上来说，可以认为其市场将加速扩大。

第6章　电动汽车

第四次工业革命的核心是太阳能发电，然而在革命进行过程当中，受到最大影响的应该会是电动汽车产业。众所周知，现在的汽车以汽油汽车为中心。从 CO_2 排放的角度来看，也需要像火力发电站的命运一样，尽早用电动汽车（EV）来取代汽油汽车。

由于电动汽车与电脑一样向模块化发展，所以其零件数量比汽油汽车要少，而且也不需要巨大的设备。甚至可能会有意想不到的行业加入汽车领域，使其发生翻天覆地的变化。

不过，如果电动汽车仍使用火力发电站的电力发动的话，会间接产生大量 CO_2，最重要的是不利于解决能源问题。太阳能发电与电动汽车在推进第四次工业革命的过程中是相辅相成、缺一不可的。

那么，现在电动汽车的技术究竟发展到了哪一步？从根本上来说，电动汽车有怎样的构造？阻碍其普及的瓶颈又在哪里？本章主要介绍第四次工业革命的主角之一——电动汽车的基本情况。

"电动汽车"的含义

电动汽车是指以电动机（马达）为动力的汽车（不需要轨

道的车辆），又称作 EV（electric vehicle）。尤其是在行驶中不需要外部能源供给的电动汽车也叫做"电池汽车"。

同时使用内燃机与电动机的汽车叫作"油电混合动力汽车"，又称作 HV 或者是 HEV。"油电混合动力汽车"与电动汽车的构造不同，因此在此不算作电动汽车。

电动汽车分为安装充电电池供电的"电池汽车"与通过外部电线供电的架线式电动汽车（无轨电车，trolleybus）。

"电池汽车"一般采用的方式是通过外部配电网络所供给的电力为蓄电池充电，以便在行驶时为电动机供电。其他方式还有在汽车内部安装发电设备，如安装燃料电池的燃料电池汽车与安装太阳能电池的太阳能汽车，等等。

架线式电动汽车则可以分为使用架线的无轨电车（trolleybus），与将架线埋在地下的非接触充电式电动汽车。

汽油汽车在发动引擎时需要外部的动力辅助设备，而电动汽车则不需要动力辅助设备与变速器。电动汽车的一大特点是其构造极其简单。

然而，蓄电池的性能成为了其瓶颈，在驾驶时间、单位续航里程的重量与成本等方面受到了制约，因此其用途限于高尔夫球车、叉车、游戏汽车等有限的范围内。然而，近年来随着电动机性能的提高，比铅蓄电池更轻、而且可以存储更多电力的锂离子电池获得迅速的发展，因此安装锂离子电池的电动汽车开始引起人们的关注。

电动汽车的历史

出乎人们意料的是，电动汽车拥有很长的历史，这点鲜为人知。1885 年戴姆勒与奔驰发明了内燃发动机汽车，1891 年在其基础上开发了最早的汽油汽车。而在其 5 年前，即 1886 年，英国就出现了最早的电动汽车了。

电动汽车在 1899 年便达到了时速 100 千米，比汽油汽车更早。传说中的汽车设计大师、创建了保时捷运动汽车品牌前身的费迪南德·保时捷（Ferdinand Porsche）在电动汽车史上留下了巨大的功绩。他出生于奥匈帝国的波西米亚地区（现属捷克），1894 年之后，他一边在首都维也纳的一家电器公司工作，一边去维也纳大学旁听学习汽车技术。维也纳一家原来生产马车车厢、后来致力于开发电动汽车的龙头企业雅各布·洛纳公司注意到保时捷的才能，于是雇用了他进行汽车开发工作。1900 年，保时捷发明了在车轮毂上安装电动机的电动汽车，即今天的轮毂电机（In-wheel motor）的原型。洛纳公司马上在当年的巴黎博览会上展出了这一发明。

另一方面，在电动汽车问世时，美国的发明大王托马斯·爱迪生（Thomas Edison）也致力于开发电动汽车，但是在国土辽阔的美国，续航里程过短被视为极大的缺点，因此难以推进电动汽车的商品化。在爱迪生门下研究内燃发动机汽车的亨利·福特开发出了世界最初的大众型汽车——福特 T 型车，该车成为了空前的热销商品。结果汽车市场完全被内燃机汽车占据了长达 120 年。电动汽车在英国仅仅被保留下了室内用叉车、牛奶配送车等。

日本在战后不久的一段时间，由于不易获得汽油，所以有几家公司销售了使用铅电池的电动汽车。但是随着朝鲜战争的爆发，铅电池中所使用的铅原料价格上涨，反而汽油更容易获得，因此电动汽车还没迎来热潮便在市场上销声匿迹了。

电动汽车再次引起人们的注意是在 20 世纪 70 年代。其直接原因是 1973 年的石油危机导致人们开始重新衡量依存石油型的经济，另一原因是大气污染问题越来越趋于表面化。有人提议开发电动汽车来解决这两大问题。特别是日本实施了由通商产业省主导的电动汽车研究开发项目，国内几乎所有汽车厂商（除了本田以外）都同时致力于开发电动汽车。但是并没有解决电动汽车安装铅蓄电池的性能问题。不久后石油危机过去了，电动汽车的热潮又一次平息下来。

　　20 世纪 80 年代后半期，日本掀起了第三次电动汽车热潮。其契机是美国加利福尼亚州空气资源委员会发表的零排放管制构想。加州在约 20 年前通过《马斯基法》获得了限制排气量的实际成绩，此时该州提出在州内销售的汽车厂商必须销售一定台数完全不排放有害物质的汽车。能够实现该构想的对策只有电动汽车，因此汽车厂商开始着手于由铅蓄电池向镍氢电池发展等方面的技术革新。结果，通用（GM）的 EV1、丰田的 RAV4EV、本田的 EV-Plus 等限定型号的汽车问世。但是，尽管镍氢电池比铅蓄电池的能量密度与输出功率密度更加优秀，但在续航里程等方面仍无法达到卓越的性能。采用锂离子电池的只有日产汽车，但由于性价比和充电环境等问题，没有得到普及。

　　如今我们迎来了新的电动汽车热潮。电动汽车正式投入商品生产的最大课题是电池的高性能化。解决这一课题的最佳对策是实现锂离子电池的量产。

　　随着从 20 世纪后半期开始的手机的爆炸性推广与笔记本电脑等 IT 设备的移动化发展，这一问题得到了解决。因为移动设备全面采用了锂离子电池，使其加速了量产化及性能提高，这为电动汽车带来了巨大的技术革新。今天的电动汽车热潮自然也受到了国际政治、经济环境等情况的影响，但是主要是由于锂离子电池的技术革新。锂离子电池多用于数字信息革命中大规模普及的移动设备。受其影响，锂离子电池的生产技术得到了飞跃的提升。

从技术方面来说，锂离子电池的一大优点是比镍氢电池的能量密度（单位质量中所储存的能量）与输出功率密度（单位质量中可输出的能量）都要高。问题是生产成本，但通过量产化的实现，如今成本已经降低到可以与汽油汽车不相上下的范围了。此外，过去电动汽车使用的电池有充电时间长的缺点，但是现在已经开发出了 30 分钟以内可充电 70% 的急速充电技术。同时，以前还存在电池的使用寿命问题，如今已经实现比移动设备用电池更高的性能，而且达到了足够长时间的使用寿命。因为一台汽车使用的电池容量非常大，所以单位质量的能量密度可以设计得比移动设备要小。2010 年与丰田汽车展开合作、以电动汽车中的运动车而闻名于世的硅谷风险企业特斯拉汽车公司，其电动汽车的电池足够行驶 16 万千米的距离。

电动汽车的优点

电动汽车的第一个优点是可以从国际政治层面解决全球气候变暖的课题。电动汽车无疑会对完成在京都协定书以及之后在 COP15（《联合国气候变化框架公约》第十五次缔约方会议）上达成一致的 CO_2 排放量的削减目标做出巨大贡献。为完成削减目标，中央政府以及自治体会将电动汽车视为支持对象，因此可粗略认定电动汽车在今后会取得切实的发展，作为投资对象也是大有前途。

此外，由于从 2008 年年初到夏天石油价格高涨，加上人们对环保汽车越来越关心，从普通消费者的角度来看，不需要汽油的电动汽车成为了极具魅力的商品。只不过，一部分人担心锂离子电池材料，即锂以及用于电极的钴等稀有金属，还有用于永久磁铁交流同步电机的钕等资源的供给会有困难。不过，这点也找到了解决方法。首先，锂是除了氢、氦之外结构最为简单的元素，它不是稀有金属，原本价格就很低，而且储量丰富，所以不需要担心。至于钴等正极材料，可以推进低价的代替材料锰、镍、磷酸铁的量产化，问题已经开始得到了解决。此外，不使用永久磁铁的交流同步感应电机的研发也已经取得了大量的成果，如果采用这一技术的话，电机材料的资源问题也能得到解决。

电动汽车的第二个优点是非政治的、技术意义上的环保性能。电动汽车不排放有害物质，即可以实现零排放。此外，与核能、自然能源发电结合在一起的话，可以有效地削减 CO_2 排放量。发电站所供给的电力本身也越来越效率化。比方说，通过利用废热等实现 60%热效率的发电站越来越多，包括供电效率、充放电效率、动力转换效率等在内，电动汽车可以实现汽油引擎汽车的约 4~5 倍的效率。

电动汽车的第三个优点是电动机在启动时可以瞬间获得最大扭矩（可将电能转换为动能）。因此，比起发动机汽车，电动汽车启动时的加速能力更加卓越。这是因为电动机产生的动力不用经过变速齿轮等就能直接传送至车轮。不经过传送设备，完全直接从电动机传送动力的技术称为轮毂电机技术（In-wheel motor）。

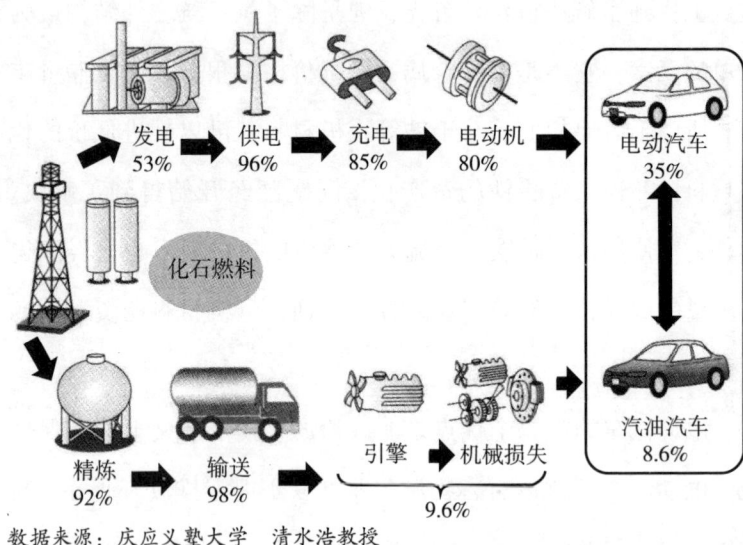

数据来源：庆应义塾大学　清水浩教授

图 11 电动汽车与汽油汽车的能源效率

电动汽车的第四个优点是能源成本要低廉得多。根据前文提到的庆应义塾大学清水浩教授的估算，就算电动汽车的电力全部使用火力发电来提供，也比汽油汽车要高 3~4 倍以上的效率。也就是说，燃料费用要低 3~4 倍（图 11）。

电动汽车的缺点与可能性

电动汽车的第一个缺点是锂离子电池的成本高。

这是因为锂离子电池需要大量稀缺原料、稀有金属。不过正如前所述，这点也会随着技术的迅速进步逐渐得到解决。同时，可用于电解质的锂资源十分丰富。从取之不尽、用之不竭的海水中提炼锂的技术也正在开发中。锂离子电池使用的稀有元素中最为稀缺的是用于正极材料的钴，目前占总成本的 70%。这点也如前述，目前正在研发使用锰、镍、磷酸铁的正极材料，将来很有可能制造出完全不需要稀有元素的锂离子电池。

电动汽车的第二个缺点是依存电力的问题。在现阶段，晚上核电的发电能力还有些过剩，因此不用担心电力供给不足。利用夜间剩余电力的抽水发电可实现电力的稳定供给。但是在不久的将来，由于化石燃料与铀价格的高涨，人们担心有可能会影响到供电的稳定性。

不过，本书的主题"环境能源革命"正是解决这一课题的最佳对策，这也让电动汽车的存在意义变得更加突出。

电动汽车的第三个缺点是续航里程短。在现阶段将作为燃料的"汽油"与作为动力能量供给源的"锂离子电池"相比较时，两者单位质量可获取的能源密度约有100倍的差距。因此，在安装与汽车发动机相同质量的锂离子电池时，续航里程只有汽油汽车的1/20左右。

不过这种比较是没有多大意义的。在比较发动机汽车与电池汽车时，还需要衡量包括引擎、驱动设备、变速箱、变速机等在内的重量。将其换算之后，电动汽车的续航里程大概为汽油汽车的1/4左右。

此外，还需要考虑到能源的转换效率问题。汽油汽车的热效率不到15%，而电动汽车约为80%，因此可以说两者单位重量的续航里程几乎是在同等程度。而且尽管电动汽车拥有很长的历史，但是仍不断地引进新技术，因此可以认为今后也将继续技术革新。

电动汽车的第四个缺点是"过于安静"的问题。电动汽车不像内燃机会进行燃烧爆发，电动机在运转时一直都很安静，因此噪音很小。这样行人在不小心接近汽车时，会因没感觉到汽车的存在而有危险性。关于这一缺点，目前正在讨论制定相应的法律制度，规定电动汽车有义务安装类似于引擎声音的设备。

综上所述，电动汽车是一项古老而又新兴的技术，时至今日依然在发展进步的过程中。可谓是每天都在发生日新月异的变化。前面介绍了电动汽车的优点与缺点，不过只要能够开发出克服缺点的技术，大抵就能将以前的缺点迅速转化为优点。这是与发动机汽车大不相同的地方。

发动机汽车使用的主要技术基本属于"机械工学"。当然，在引擎与刹车的控制方面会使用电子技术提高其稳定性与反应性，但电子技术只是一种手段。然而，电动汽车的生产技术主要是电动机的电磁感应电力工学，锂离子电池则是利用量子力学效果的凝聚态物理工学。此外，由于不燃烧燃料，而是加入了为蓄电池充电并可反复利用的工序，因此电动汽车与充电网这一社会基础设施的构建及可再生能源的应用密切相关。电动汽车的技术已经不再仅限于汽车领域。激进一点地说，电动汽车不仅能在道路上行驶，还有可能进化为能够驶入家庭或是办公室中的交通工具。

时速 370 千米的电动汽车

如前所述，电动汽车是一个既古老又新兴的课题，随着锂离子电池的出现，电动汽车终于成为了现实。锂离子电池是作为移动 IT 设备这一数字信息革命的产物而取得发展的，因此可以说数字信息革命的发展导致了环境能源革命的必然性，并使得向电动汽车过渡也成为了现实。

在讲述这一过渡的具体蓝图之前，笔者想介绍一下庆应义塾大学清水浩教授对电动汽车的想法，谈谈向电动汽车过渡的历史必然性。清水浩教授在笔者至今为止所认识的众多科技研究者当中可算是拥有极其卓越才能的人物，他将电动汽车作为自己的研究课题，并且为其倾注了将近 30 年的心血。笔者自己在研究工业革命史时也越来越强烈地感觉到，无论在任何时代，创造新时代的都是理解科学技术的本质、拥有通过技术革新改变社会的热情的个人力量。

清水先生将自己的一生都奉献给了电动汽车社会的建立。笔者也对他的这一理想抱有同感，期待尽早迎来电动汽车社会，因此还参与策划了后述的股份公司 SIM-Drive 的创建。

清水浩先生曾经在东北大学工学部学习应用物理学，博士毕业后进入了现日本环境省的环境研究所，他发自内心地喜欢汽车，希望以后能从事汽车制造业的工作。他最初从事的是研究测定大气污染用的激光雷达，该研究告一段落后，32 岁的他主动开始研究电动汽车。也就是说，研究室里并没有研究团队，一开始是他个人进行研究。如前所述，在石油危机后，电动汽车的开发成为了世界性潮流，但还是由于电动机与电池的问题受到了挫折。

产业发展受挫时就轮到卓越的研究者出场了。清水先生摸索出了一套行之有效的方法。当时电池的能量原本很低，因此人们就考虑以低能量为前提进行汽车开发。也就是说，车身仍采用电动汽车的相应形状，只研究降低其能源消耗的方法。人们打算从零开始制造研发汽车，在设计电动汽车特有的构造时，使用最好的器件作为其构成零件。

比方说，在车轮上安装电动机时，想让电动机与车轮之间不发生传输损耗。但是这就需要强磁电动机，然而却因零件成本太高没法使用，这便是研究者们经常面临的一大难题。不过，成本一开始或许会很高，但如果能够量产化就肯定会降低。于是，清水先生使用当时价格高昂的稀土类磁铁开始开发汽车电动机，如今这种磁铁已经普遍用于家电制造了。

由于设想使用较大的塑料模型，所以往车轮中安装电动机时，电池的配置成为了一大难题。清水先生自己开发出了第 8 台电动汽车，是具有 8 个小型车轮的 Eliica 汽车。这种 8 轮驱动车每个车轮上都安装了电动机，最高速度可达到相当于 F1 时速的每小时 370 千米，作为一辆轿车，其最大加速度也达到了令人吃惊的 0.8G。这一数值比保时捷还高。而且其燃料费用也十分低廉，电费每 100 千米仅需要花费 100 日元左右。

Eliica 可谓是同时实现了比发动机汽车更加优秀的性能、能源效率、乘坐舒适度的划时代电动汽车。

保证电动汽车性能的是电动机，这点自不待言。电动机的小型化、高输出率对电动汽车的性能来说是最大的关键。为了实现这两大要点，Eliica 选择的技术是使用装有强力稀土类磁铁的 PM 电机。PM 电机是指转子使用永久性磁铁，根据电子信号以一定角度转动的电动机。该设备普遍用于打印机、复印机、家用自来水管、煤气阀等等。轮毂电机所必须解决的问题是，需要在车轮内部这一狭窄的空间内安装电动机，并且在高速行驶时需实现能够克服巨大阻力的输出功率。

1990 年，当时的清水教授还在环境省环境研究所工作，他与明电舍共同开发了可达到当时世界最高速度——时速 178km/h 的电动汽车 "IZA"。当时业界使用的主流电动机是 IM（感应电动机），而不是 PM。

在清水教授着手开发装有稀土类高性能磁铁的 PM 电动机时，业内还很少有人有相关经验。当时清水浩先生的研究团队完成了这一先驱性研究，从分析稀土类磁铁的特性开始，到确立设计方法、磁场分析方法，等等。

在开发 Eliica 时，为了解决电动机的小型化、高输出率这一最大的课题，共同研究团队反复进行了各种试验并经历多次失败，他们曾试过在电动机的转动部分表面粘贴磁铁，也试过改进线圈的缠绕方法等，最终找到了缩小凸角部分（集中缠绕）的方法，成功地开发出小型化电动机。其次，为了提高输出功率而使用了高性能的钕磁铁，然后，通过将磁铁细分为若干小块后粘贴，成功地降低了磁铁表面发生涡电流（通过电磁感应作用为消除在金属板上的磁通量变化而形成的涡状电流）所造成的损失。

为了世人，为了地球环境，清水先生"专注电动汽车 30 年"的智慧结晶便是 Eliica。清水先生的构思原点并不是要制造汽油汽车的替代品。如果性能与汽油汽车没有任何区别，而仅是用电作为动力的话，人们会特意出钱购买吗？清水先生认为这是不够的，电动汽车应该让顾客感受到汽油汽车没有的魅力。

Eliica 与以前的 7 台电动汽车最大的区别是加速感。我也试驾了该车，它的加速能力无法用言语来形容。清水先生说："我们成功地开发出了能打动人们感性的功能，第一次试驾 Eliica 时，虽然只行驶了极短的距离，但是它已经表现出我想要的加速感了，这款车前景大好。"

清水先生认为这款汽车的价值可以概括为三点，"加速感好""车内空间可有效使用的面积大"以及"乘坐舒适度高"。最高时速达到 370 千米其实并没有多大意义，最重要的还是加速感。如果扭矩够大而且续航能力够长的话，汽车无论以低速行驶还是以高速行驶都会有大的扭矩，这是电动汽车特有的优势。汽油汽车则无法做到无论低速还是高速都能有大扭矩。这些都是在亲自试驾时感受到的，驾驶 Eliica 时自然能体会到电动汽车的真正价值。

清水先生在开发轮毂电机汽车时，参与创建了合资公司"SIM –Drive"。共同出资的 Benesse（倍乐生）的福武总一郎会长、Gulliver International 的羽鸟兼市会长与笔者都体验了 Eliica 的加速感，因此我们都共同致力于推动电动汽车的时代早日到来。

那么，电动汽车应该采用怎样的外形呢？关于这一问题，清水先生认为不能满足于传统汽车的外形。电动汽车还在发展的过程当中，而人们总有意无意地使用汽油汽车的技术，这点是必须克服的。

引擎确实是一项伟大的发明，然而电动汽车总是摆脱不了这种像汽油汽车必须以引擎为中心的思维定式。所有的工业产品都容易被过去的产品外形所影响，汽车之所以发展成今天这样的造型，也是因为人们一直在追求适合装载引擎的最佳方式。

车最初的造型其实是类似马车的样子。我们今后应该思考如何将其改造为适合人们乘坐的造型。

对工程学研究者清水先生来说，技术的目的是且仅是为了制造让人们生活更加舒适的产品。人们为了生活得更加舒适，才不断地制造各种产品。人类的寿命之所到得到大幅度的延长，是因为医学的进步、营养的提高以及劳动条件的改善这三大原因。工业革命以后，动力大部分不再需要人力，而由机器来承担。人们可以不用再从事重体力劳动，也是寿命延长的主因。如何让人类生活得更加舒适，仍是未来不变的追求。任何产品都是如此。数码相机问世后，现在单反相机又引发了热潮，但用单反相机拍照实在太重、不够舒适，清水先生预测今后将会出现拥有与单反相机同等功能，但只有手机大小的相机。而日本现在还存在着令人极其苦恼的、可谓会缩减人们寿命的痛苦的通勤现状，解决这一问题的方法可以说正是将汽车换成电动汽车，以及自动驾驶电动汽车。

综上所述，在向电动汽车社会过渡的过程中，最为重要的是像清水先生一样将自己的毕生都奉献给电动汽车这一领域的研究人员、技术人员以其自身对电动汽车的理念在社会上发挥出领导能力。

除了现阶段能够发挥出电动汽车最高性能的 PM 电机以外，还有前述的 IM（感应电动机）、SRM（开关磁阻电动机）、DCM（直流电动机）等技术，目前人们仍在不断地钻研其改良技术。

电池技术的快速进步

普及电动汽车的关键是电池，而近年来电池也取得了飞跃性的进步。根据新能源·产业技术综合开发机构（NEDO）公开发表的"下一代汽车用蓄电池技术开发规划"所描绘的蓝图，今后 10 年锂离子电池的性能会继续提高，电动汽车在公路上正常行驶时，预计其续航里程可以达到 200 千米。

届时锂离子电池的成本根据续航里程换算的话约为 2000 日元/千米，相当于比现在大约降低了 1/10。预计插电式混合动力汽车若以电动模式驾驶 30 千米的话，锂离子电池的成本总共可以降低 10 万日元左右。该蓝图将下一代汽车用电池的开发目标定为从 2010 年到 2030 年为止。在该期间内，电池性能的提高将由锂离子电池主导。

包括新兴公司在内的各大企业积极地推进了肩负着电动汽车产业今后发展的锂离子电池的开发。NEDO 的蓝图描绘了从油电混合动力汽车（HEV）向电动汽车（EV）普及的远景。其预测在 2015 年左右，可供 4 人乘坐的续航里程约 120~150 千米的 EV 将开始量产，EV 的用途也将从商务用车扩展至上下班通勤车。

一般认为 HEV 将阶段性地增加载电量，PHEV（插电式混合动力车）也将开始普及。到 2020 年左右，锂离子电池的性能会得到进一步提高，EV 的续航里程可能达到大约 200 千米，而 PHEV 以电动模式驾驶的距离可能达到 30 千米左右。预计到了 2030 年，将会出现取代锂离子电池的革新型二代电池，此时续航里程可媲美汽油汽车的真正的 EV 汽车将开始普及。

NEDO 提出，为了实现这一远景，电池开发面临着五大课题，即高能量密度、高输出功率密度、低成本化、耐久性、安全性、以及广泛的 SOC 运用。SOC（State of Charge）是指如果将充满电的状态视为 100%、完全放电的状态视为 0% 时，实际可使用的电池容量范围。

如果扩大 SOC 运用范围的话，就可以充放更多的电力。现在 HEV 的 SOC 运用率一般在 30%~40% 的范围内。目标要求 PHEV 在电动驾驶时 SOC 范围达到 60% 以上，EV 则需要达到 100% 的运用率。

关于能量密度与输出功率密度，HEV、PHEV 以及 EV 的技术开发目标各不相同。

使用电动机为唯一驱动力的 EV 要想增加行驶距离，电池需要尽量小型化，以便尽可能装载更多的电量。因此，其电池更重视能量密度。而 HEV 同时使用汽油引擎与电池的电动机作为驱动力，所以其电池装载量要比电动汽车少，为了充分利用电动机获得驱动力，要求使用高输出功率密度型的电池。PHEV 是介于这两者之间的汽车，因此对电池的要求也介于中间值。

目前针对 EV 的重视能量密度的锂离子电池的性能为：能量密度 100Wh/kg、输出功率密度 400W/kg，这也是上述蓝图的出发点。能量密度 100Wh/kg 意味着 "电耗（耗电率）在 10km/kWh、SOC100%、装载电池重量 80kg" 时，能够行驶约 80 千米时的电量。根据该蓝图的预测，截至 2020 年左右，锂离子电池的能量密度将阶段性地提升至目前的 2.5 倍——250Wh/kg。此时 EV 的续航里程将达到大约 200 千米。这里所估算的电耗是以 10km/kWh，即与三菱汽车 i-MiEV 以及富士重工的 Plug-in STELLA 的规格相同水准计算出来的。

从现在各大公司量产以及宣布预产的汽车用锂离子电池进行类推，今后提升锂离子电池性能的最大重点是对电动汽车续航里程影响最大的能量密度的提高。

综上所述，该蓝图的目标数值对于明确锂离子电池的作用具有极大的意义。现阶段的目标数值可视为比较实际的预测，相信在 HEV 以及 EV 市场不断发展的不久的将来，今后陆续涌现的新型电动汽车企业与锂离子电池企业将迅速缩短该蓝图与现实之间的距离。

充电基础设施的建设

在向电动汽车过渡的蓝图当中，一个重要的现实问题是建设充电基础设施。汽油汽车就算没油了，由于日本全国约有 4.5 万个加油站（包括服务站），因此可以在汽油用完之前加油，但电动汽车则需要另外建设全新的基础设施。

电动汽车的充电基础设施分为在市区等地面向不特定的多数使用者的公用充电设备与在家庭内使用家庭电源的个人充电设备两大种类。

公用充电设备有三种形式。第一种是利用设置在路边、停车场、加油站等处的急速充电器充电。第二种是可以考虑设置替换电池的站点，通过替换电池进行充电。第三种是在道路上以某种方式进行供电。只要有公用充电设备，就不用太在意电池余量地驾驶电动汽车了，不过其也有一些缺点。比方说需要考虑到白天比深夜的电费单价高出很多，会导致购电费用增加；

充电时需要花费一定的时间，因此有些地方可能会因为等待充电而发生交通堵塞等情况。对服务站来说也有一些问题，比方说充电设备价格很高，而充电需要花费一定时间，电价却不高，因此充电站点难以盈利。

想要普及电动汽车，必须在市区与高速公路的服务区等地点修建可以快速充电的设备。只要有电线就能安装充电设备，这比起与其抗衡的技术——燃料电池汽车所需要修建的氢供给基础设施（燃料电池汽车需要氢的供给作为燃料）来，其设置要简单得多。此外，在成本方面也有着很大优势。电动汽车用的急速充电器在开发时每台也只需要不到300万日元，如果能够量产的话成本肯定会再减少一位数，这比汽油的加油机还便宜。而且其体积只有家用冰箱的大小，设置场所不会受到制约。

不过，依然还存在别的问题。最重要的难点是由于充电时间长，会降低运转效率。在日本，像Park24、罗森等部分进步企业已经开始有安装充电设备、促进电动汽车使用的动向了，但最为关键的是电动汽车必须得到加速推广，否则无法期待多数企业会有投资充电设备的热情。这个问题最后成了先有鸡还是先有蛋的问题。由于充电设备的建设得不到普及，所以电动汽车也得不到推广。相反，由于电动汽车得不到推广，所以充电设备也得不到普及。要想打破这一困难局面，就只能依靠政策了。

解决充电时间长的途径之一是通过在替换站点替换电池来进行电力补给。日产汽车与修建、运营充电站的美国 Better Place 公司进行了合作。日产汽车希望通过这一合作，在修建基础设施的同时，获得政府与自治体的资助与优惠税制。Better Place 公司在修建基础设施的同时计划发售配套的电动汽车，他们考虑的供电方式不是向装载在车中的电池充电，而是使用弹药式的电池替换。这一方式采用的商业模式与该公司的手机基本相同。也就是说，其提出的运营体系是免费提供电动汽车的车身，而根据电池使用量收取相应费用。

在家庭内充电通常使用 100 伏或是 200 伏电源进行。虽然不能像急速充电那样只需要大约 15 分钟时间，但通宵充电的优点是可以在自家或是外出时的停车场进行充电，因此能够节约时间，而且可以使用廉价的深夜电力，在成本方面有一定的优势。此外，家庭充电不需要高价的急速充电设备，因此也不需要修建基础设施。另一方面，家庭充电也有其缺点。具体来说，存在可能触电、充电时间长、集体住宅与停车场等处尚未修建供电设备等方面的问题。

风险企业成为主流

在发动机汽车向电动汽车过渡的过程当中，电动汽车风险企业的作用比现有汽车企业更加关键。汽车产业从1885年戴姆勒与奔驰发明发动机汽车以来，实际上在120多年的时间内没有发生技术革新。其最大的原因是没有出现综合性能可以超越汽油汽车的技术。

然而，如今的形势已经突变。如前所述，电动机技术与电池技术不断地提高，同时地球环境危机越来越显著，这使得向电动汽车过渡的需求在全球范围内高涨起来。这样的转折期并非经常出现。在这一技术大转折时期，发挥出重要作用的不是在传统方式上取得成绩的大企业，而是赌在新技术上的风险企业。

笔者曾经从事的是计算机行业的工作，因此亲眼见证了在可称为数字信息革命黎明期的微电子革命，即电脑革命当中，从过去的大型计算机（mainframe computer）向电脑过渡时传统企业被淘汰的时代变迁。笔者自己也曾经身在其中。虽然以IBM为中心的掌握计算机体系结构主导权的主流厂商也纷纷向电脑市场进军，但电脑市场的主导权最终还是被微软、英特尔、苹果等新兴企业取而代之了。

电动汽车行业也正要发生类似的情况。关于这一点，东京大学可持续发展学联合研究机构的前特聘教授村泽义久先生说："在现在的电动汽车领域，出现了与以前的汽车发展完全不同的形势。如今诞生了许多风险企业，还有其他行业也陆续加入了这一领域，他们试图通过彻底颠覆常识的方法克服面临的障碍。这种情况在需要庞大资本的、以内燃机为核心的汽油汽车领域是很难出现的。"村泽先生把新兴的电动汽车企业群体称为"Small Hundreds"。此外，他还提到："这其中蕴含着创造出与以往汽车产业三大企业不同的技术开发与商业模式的可能性。"

受到村泽先生的启发，NHK Special 在 2009 年 10 月 25 日播出了一辑特别节目。其概要如下所示：

该节目名为"汽车革命 第 2 集 Small Hundreds 新的挑战者们"，节目跟踪采访了在世界各地同时出现的电动汽车企业的动向，以及将企业的命运寄托于电动汽车的日本日产公司最前沿的动向。节目中拍摄了中国农村地区已经出现了"电动汽车热潮"，城镇工厂如雨后春笋般纷纷涌现，这个从前与汽车没有任何交点的阶层形成了富有活力的新市场，有些新兴企业开始向欧洲发展，甚至与汽车企业展开了争夺市场的交锋。面对这一形势，在世界汽车厂商当中最早正式提出电动汽车量产化的日产公司将汽油汽车的购买层视为用户群，推进了电动汽车市场的开拓。尽管在这一过程中遇到了难以扭转人们的观念、需要修建充电基础设施等各种问题，但他们仍然努力地开拓新时代。

向电动汽车过渡的最大瓶颈是现阶段电动汽车的价格高而且续航里程短。价格高是由于锂离子电池的性能提高还在发展中。

比方说，2009 年 7 月，三菱汽车发售了世界第一款量产型电动汽车"i-MiEV"，发售时的价格为 460 万日元，官方发布的续航里程为 160 千米，电池容量由于重量的关系控制在 16 千瓦时。而日产汽车"LEAF"的官方续航里程为 180 千米。

此时美国硅谷型电动汽车风险企业特斯拉汽车公司成立了。很早就表示要加入电动汽车领域的日本汽车厂商，如三菱汽车、日产汽车、富士重工等企业采用的是传统方式，他们主要依靠电池企业开发独特的适合电动汽车规格的锂离子电池。

而特斯拉公司则着眼于现阶段量产效果最为显著的笔记本电脑使用的锂离子电池。特斯拉开发了"Roadster"跑车，其使用了串联99个×并联69个，合计6831个电池元件，车身重量为800公斤，电池重量达到450公斤，电池容量为53千瓦时，官方续航里程达到390千米。售价约为1000万日元。特斯拉"Roadster"的特点是通过使用之前不受关注的笔记本电脑用锂离子电池，将每千瓦时的电池成本控制到了传统型汽车厂商的一半以下。

后来，丰田汽车注资开发特斯拉所采用的串联、并联小型锂离子电池的连接方式，松下电器也宣布进行效仿，看来今后市场将正式展开锂离子电池的低价化与大容量化的竞争。

图12 特斯拉汽车公司的"Roadster"

中国"Small Hundreds"的代表性企业是 1995 年成立的 BYD 公司。该公司是生产锂离子电池的厂商，但在 2003 年加入了汽车领域，同年便率先发布了插电式混合动力车。到了 2009 年，该公司发布了可供 5 人乘坐的电动汽车"e6"，官方续航里程为 300 千米，重量为 2020 公斤。估计电池重量约占了其总重量的一半。不过电动汽车的扭矩很大，因此行驶毫无问题。

日本风险企业的摸索途径以前述庆应义塾大学清水浩教授开发的"Eliica"为基础。该车重 2700 公斤，最高时速为 370 千米，续航里程为 300 千米，已证实其加速能力比保时捷更加优秀。实际上，前述的"SIM-Drive"公司正是在"Eliica"所取得的成绩上创建的。公司名称 SIM 来源于清水轮毂电机（Shimizu In-wheel Motor）的略称。

SIM-Drive 公司的目标为"不仅自己制造电动汽车，而且向与电动汽车相关的所有行业以最少的费用提供最好的电动汽车技术及信息"，背负着这一企业理念与责任，SIM-Drive 希望不仅在日本国内，还能在整个世界普及电动汽车。

如图 13 所示，通过采用在汽车轮胎内部直接安装轮毂电机的方式，实现减轻车体重量、控制动力传输损耗与噪音的动力系统。其变换形式如图 14 所示，分别为 4 轮车 2 轮驱动、4 轮车 4 轮驱动、8 轮车 8 轮驱动等驱动方式。

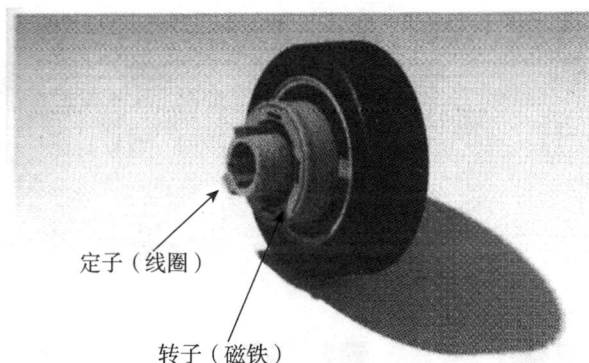

定子（线圈）

转子（磁铁）

图 13　轮毂电机方式

这些不仅能用于新设计的汽车，而且还可以改装在现有汽油汽车的车身上。SIM-Drive 公司提供的电动汽车由"轮毂电机""变频器""电池组成的驱动系统""装载上述部件的平台"四大部分组成。如图 14 所示，SIM-Drive 平台是在车轮中以及在车底所安装的坚固的框架结构中收纳行驶所需要的所有主要零件的技术。

SIM-Drive 公司的核心技术是安装在轮胎内部的轮毂电机与安装在车底的坚固的、中空结构的、可收纳所有零件的框架（平台），其不仅可以维持稳定的驾驶、确保撞击时的安全性，同时还能保证宽敞的车内空间。此外，汽车底盘本身的结构十分简单。可以通过为所有车轮安装轮毂电机，达到进一步提高加速性能的目的。

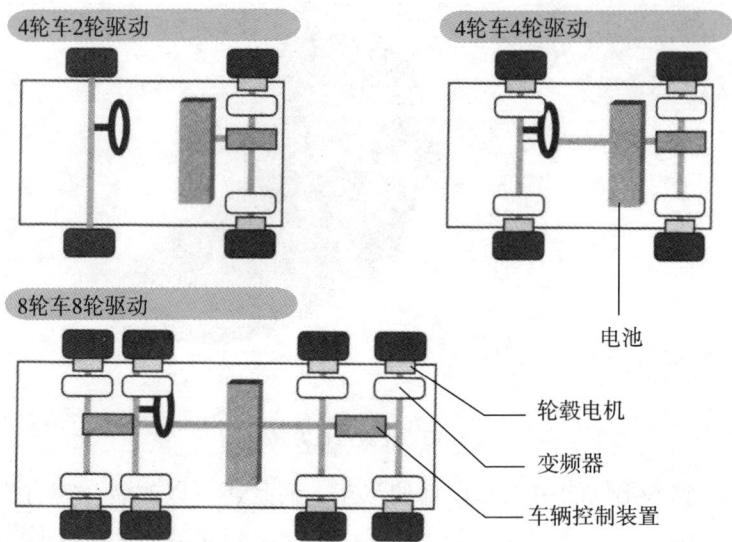

4轮车2轮驱动

4轮车4轮驱动

电池

8轮车8轮驱动

轮毂电机

变频器

车辆控制装置

图 14　SIM-Drive 式动力系统转换模式

综上所述，解决向电动汽车过渡这一巨大课题的或许并不是依附于为内燃机修建基础设施的发动机汽车厂商，而将由被称为"Small Hundreds"的、与电动汽车相关的新兴企业群体来承担这一任务。

在过去的汽油汽车时代，全球汽车市场处于寡头垄断的状态。其他行业即便是大企业，也无法加入汽车市场。然而在电动汽车的时代，情况将幡然一变。只要拥有优秀的技术，新兴企业也完全可以加入这一市场，并且拥有成长为全球性企业的机会。工业革命时代正可谓是面临着巨大机会的时代。

可收纳所有零件的
嵌入式框架

将电池、变频器、
车辆控制装置收纳于车底
●轻量化
●低重心化
●扩大有效空间
●发生撞击时更安全

轮毂电机

将电动机安装于所有车轴中
●高效化·轻量化
●扩大有效空间

图 15　SIM–Drive 平台

第7章　智能电网的革新技术

|能源损耗

|超导的含义

|高温超导直流供配电系统

|能源高速公路（Energy Superhighway）

能源损耗

前文介绍了第四次工业革命的导火索——太阳能发电与电动汽车的相关情况，而革命还需要另一大主角，那便是高温超导直流输电技术。

笔者再三强调，在综合考虑能源政策时，无法回避的是供电网络上产生的能源损耗问题。

使用煤炭或石油进行火力发电时，能源的损耗会浪费一些化石燃料，而且还会产生多余的 CO_2。而利用太阳能发电时，能源的损耗部分会造成多余的发电设施，这会推迟太阳能发电的普及。

那么具体来说，究竟为何会出现能源损耗呢？接下来，笔者将从供电与配电的构造以及其产生的损耗进行解释。

首先，"供电"是指经由发电站、变电站等处的电线输送电力，"配电"是指通过变电站（变压器）向各个家庭、企业分配电力。而为了将生产的电力从发电站通过供电网络与配电网络提供给用户，构建及运用供电网络与配电网络系统则叫作"供配电"。

从变电站（变压器）向各个家庭、企业分配电力时使用的电线叫作"配电线"。供电、配电的速度与光速几乎相同,每秒约30万千米,因此发电站所生产的电力瞬间就能到达各个家庭。

在发电站生产的电力输送至普通家庭的过程中,会在发电站、变电站以及供配电线中产生一部分损耗。这种电力损耗叫作综合损耗。其中在供配电线中产生的损耗叫作供配电损耗(供电损耗+配电损耗)。

电阻相同时,电流越小,电力的损耗越少。因此为了降低电流,一般采用提高电压,通过高压线输送电力的方法。

不过,提高电压会导致电晕放电(原本是绝缘体的空气中的分子在输电线附近离子化,形成离子电流扩散至空气中),发生"电晕损耗"。此外,变压器等使用的在磁性材料的铁芯(core)上缠绕线圈的方法会使交流电发生磁化,释放出一部分电能,叫作"铁损"。而线圈的导线电阻所损耗的电能叫作"铜损"。"供配电线的电阻"、"电晕损耗"、变压器等的"铁损""铜损"等统称为供配电损耗。

发电站输送的电力产生的损耗比率称为损耗率。图16是实际中供配电损耗的一例。

发电与供配电的损耗由输送的电量与发电站到需求地的供电距离所决定。图16是日本中部电力公司提供的例子,由于日

（%）

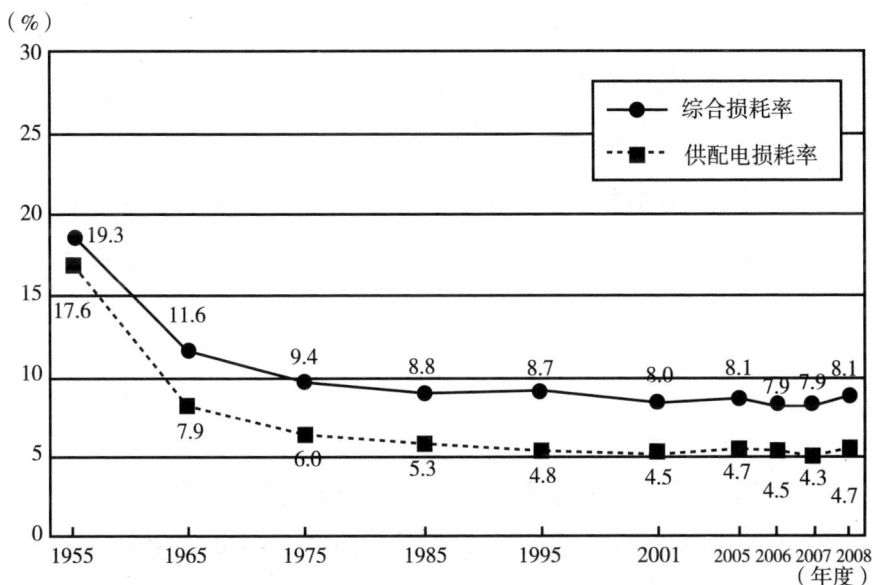

图 16　实际供配电损失

资料来源：中部电力。

本国土狭窄、供配电网络修建得如网眼一般密集，高压电线完备，而且供电距离短，因此通过每根输电线的电流可以控制在很小的范围。如图 16 所示，供配电的损耗率约为 5%，综合损耗率约为 8%。此外，火力发电站的能源转换效率约为 40%，因此以各个家庭为例，其能源利用效率约为 32%。所以说，在日本这一狭窄的国土中，化石燃料发电的能源转换效率约为 32%，损耗率达到 68%。可以说其中大部分是发电损耗，供配电损耗所占的比例极少。

然而，像美国那种国土广阔、供配电网络稀疏的情况，每根电线通过的电流很大，供电距离也很长，因此供配电损耗率极高，其比例甚至达到了 2/3。

此外，在面积狭小的地区出现集中性的电力消费，即大宗电力用户的代表性例子是图 17 所示的数据中心。由于大电流会通过数据中心内部，所以会产生大量交流／直流转换损耗与配电网络的配电损耗。

综上所述，在国土面积广阔、供配电网络稀疏的国家，以及数据中心等特殊的集中型电力消耗地区，供配电系统中的电缆会通过较大电流，所以会发生"集中型电力消耗造成的供配电损耗问题"。可以解决这一"集中型电力消耗造成的供配电损耗问题"的技术正是"高温超导直流输电技术"。

市场：亿日元
耗电量：百万kW·h   占地面积：万m²

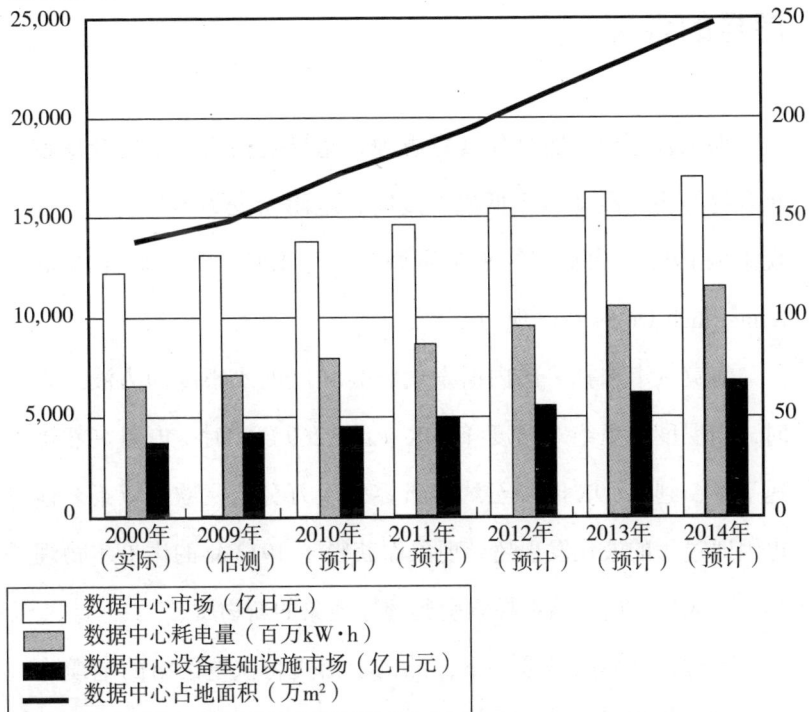

数据中心市场（亿日元）
数据中心耗电量（百万kW·h）
数据中心设备基础设施市场（亿日元）
数据中心占地面积（万m²）

	2000年 （实际）	2009年 （估测）	2010年 （预计）	2011年 （预计）	2012年 （预计）	2013年 （预计）	2014年 （预计）
数据中心市场 （亿日元）	12,400	13,000	13,690	14,550	15,370	16,120	16,900
数据中心耗电量 （百万kW·h）	6,470	7,050	7,820	8,600	9,460	10,410	11,450
数据中心设备 基础设施市场（亿日元）	3,710	4,090	4,510	4,980	5,500	6,080	6,690
数据中心占地面积 （万m²）	139	150	170	187	205	227	250

资料来源：Mic经济研究所。

图 17 日本国内的数据中心市场与耗电量

超导的含义

那么，超导到底是什么意思呢？超导是指将特定的金属或化合物等物质冷却至极低的温度时，电阻会变为零的现象。该现象是 1911 年由荷兰物理学家海克·卡末林·昂内斯（Heike Kamerlingh Onnes）发现的。

海克·卡末林·昂内斯发现将高纯度的水银冷却为液态汞时，当温度降至绝对温度 4.20K（约-269℃）时，电阻突然迅速下降，到 4.19K 时降至约等于零的十万分之一欧姆以下。他也因通过汞的液化发现超导现象而获得了 1913 年的诺贝尔物理学奖。人们目前依然在探索引起超导现象的新物质。

不过，冷静地思考一下，谁也不知道将供电网络的电缆冷却至-269℃需要花费多少成本。因此人们想到了高温超导技术。不过，这里所说的高温其含义与我们日常生活中感觉到"热"的温度是有所不同的。

超导现象原本是发生在接近绝对零度（-273℃）的现象，因此"高温"意味着"在超导领域的高温"。也就是说，"高温超导"是指在-200℃~-100℃发生的超导现象。比起过去的超导体来，足可以算是"高温"了。

按理说如果能够在室温条件下产生超导现象的话是再好不过了，不过遗憾的是，现在还没有发现这样的物质，因此在现阶段高温超导是最现实可行的方法。

高温超导直流供配电系统

尽管高温超导是如此重要的技术，但实际着手进行高温超导直流供配电系统的实验与商用化的研究机构和企业却出人意料的少。日本中部大学在该领域一直处于世界领先地位。

中部大学在 2006 年完成了长达 20 米的高温超导直流供配电的实验系统，这是世界首次成功的实验系统。该系统电压在 20kV（千伏）以上，电流在 2.5kA（千安）以上，约有 500 处计测点。该系统从 2007 年开始正式运行，成功地收集了大量实用的实验数据。在这一成绩的基础上，中部大学与笔者经营的 NANO-Optonics Energy 股份有限公司展开了共同研究，2009 年 7 月 7 日建立了超导、可持续能源研究中心，下一项挑战是进行 200 米供电实验。

能源高速公路（Energy Superhighway）

一项革新的发明要想达到产业化，需要一定的时间。而且能正确制定从现有方式向新方式过渡的战略十分重要。以笔者的经验举例，互联网是一项颠覆了原有的电话交换网络的划时代技术，但是互联网花费了大约 40 年时间才发展为社会的基础设施。

互联网始于 1969 年美国国防部高级研究计划署的阿帕（ARPA）网。它与传统的电话交换网络中使用的线路交换方式（每台电话加入的线路均使用交换机分别连接，通过线路单位进行交换）不同，使用的是数据包交换方式（在收发数据的单位 = 数据包上添加收件方地址与发件方地址，以数据为单位进行信息交换）。该技术是由保尔·贝恩（Paul Baran）发明的，笔者也曾经与他有过交流。后来，人们利用数据包交换的原理控制数据传输路径，最终开发出规定结点间收发数据信息的 TCP/IP 协议（传输控制协议/互联网协议），完成了互联网的构架。

之后的 1989 年，人们在由 TCP/IP 协议构成的互联网基础设施上实装了 WWW（World Wide Web，万维网）。从此时开始，企业家们开始建立新的商务模式。20 年后的今天，互联网将以电话为主的信息通信产业转变为了一项全新的产业。回顾互联网的发展历史，在发明数据包交换技术的 20 年之后才出现先进的互联网风险企业，而通过这些风险企业的发展，又经过了 20

年时间才培养出庞大的产业。

那么，让我们回过头来看看高温超导技术。如前所述，1986 年，也就是 80 年代后半期发明、发现了高温，即液氮温度下的超导现象，至今已经经过了大约 30 年时间。现在正是轮到企业家大显身手的时机。企业家肩负将革新的技术投入产业化的任务。笔者作为其中一员，为高温超导描绘出了如下的过渡蓝图。

【第一步】"数据中心内部高温超导直流电缆"

笔者预测高温超导直流输电技术一开始会在数据中心的区域内部电网中发挥作用。此时其定位为"数据中心内部高温超导直流电缆"。如前所述，数据中心在消耗庞大电力的同时，还具有交流/直流转换损耗与直流电阻损耗较大的特点，因此在将电力转换为直流电的基础上进行超导供电是十分有效的方法。以现在中部大学的实验系统为基础，最快从 2011 年下半年开始就可以运行商用系统。通过积极推进适用于数据中心的高温超导技术，预计可以为该领域随着云计算机化而急剧增加的电力消耗削减 50% 的耗电量。其所需要的供电距离为 200~500 米。

实际应用时，将数据中心区域内部电网的各个机架（摆放服务器的机柜）的电源电缆从直径约 10 厘米、灌入液氮的管道中穿过。约 1000 个机架的布线大约需要花费 1 亿日元左右的成本，不过因为可以节约电费，所以根据其规模在 5~7 年内可以收回成本。

【第二步】"微电网（小规模区域配电网络）内部高温超导直流电缆"

接下来的应用主要定位于铺设在地下的"微电网内部高温超导直流电缆"。它在连接包括数据中心等集中型能源消耗站点在内的小规模区域配电网络，即微电网时有效。

尤其是在微电网内部建设太阳能发电站时，由于太阳能发电站是以直流的形式发电，所以从发电站点到集中型能源消耗站点之间可以无损耗地供电，这样能够迅速提高微电网内部的供电效率。

这种应用不仅限于私有住宅，而且会与地区社会产生联系，因此与地区自治体共同推进项目是有效的手段。供电距离大概在 2~5 千米，2013 年开始运行。

【第三步】"大都市区域电网内部高温超导直流电缆"

供电距离进一步延长时，便轮到其发挥"大都市区域电网内部高温超导直流电缆"的作用了。为了覆盖供电距离在 20~50 千米的整个都市圈，需要大幅度提高大都市区域的整体能源效率。这在一阶段，成本应该也降低了不少，预计从 2015 年左右开始运行。

【第四步】"城际高温超导直流电缆"

供电距离达到 200～500 千米时，可以从发电站在城际间供配电，这一阶段的定位为"城际高温超导直流电缆"。在这一规模下，通过将太阳能直流发电与高温超导直流输电结合在一起，基本上能够大幅度提高全国性大规模的能源效率，预计从 2018 年左右开始运行。

【第五步】"GENESIS 计划高温超导直流电缆"

具体实施第四章所介绍的 GENESIS 计划，这一阶段定位为"GENESIS 计划高温超导直流电缆"。该计划在发现、发明高温超导之后的 1989 年被公诸于世。根据其构想，将在全世界的沙漠中建设必需且足够数量的太阳能发电站，为整个地球供给电力。

在实现这一跨度约为 20 年时间的梦想计划时，面临的最大课题是"确立集、供、配电用高温超导电缆技术并利用液氮供电"。不过，通过高温超导电缆的制造技术与稳定控制液氮流通技术的发展，预计该计划大约在 2025 年之前可以实现。

正如互联网技术实现了全球规模的信息高速公路一样，自发明、发现超导现象后，花费 40 年时间通过高温超导直流技术实现能源高速公路的计划也逐渐开始变得现实起来。

第 8 章　全球气候变暖及应对

《京都议定书》

第四次工业革命的本质是节约化石燃料，在现阶段，防止全球气候变暖的观点发挥出了先导性作用。其代表便是前述作为联合国基本框架所制定的防止地球气候变暖的条约（正式名称为《联合国气候变化框架公约》）。

第一次缔约方会议（COP）于 1995 年在德国柏林召开。此后直到现在，每年都会召开一次会议。1997 年在京都召开的第三次缔约方会议可谓是该框架公约的一大转折。该会议通过了《京都议定书》，其中明确规定了具法律效力的大气中温室气体含量数值目标。京都议定书作为第三次 COP 的结论得到采纳，并于 2005 年 2 月生效。

在此后大约 12 年时间里，《京都议定书》成为了解决全球环境问题的"圣经"。

其中，日本承诺在 2008 年到 2012 年之间，使温室气体排放量平均比 1990 年整体削减 6%。2005 年 4 月在内阁会议上通过的《京都议定书目标达成计划》中提出，2010 年的目标是将占温室气体约 90% 的、能源消耗造成的二氧化碳排放量控制在大约 10.6 亿吨以内。

表 4　历届缔约方会议（COP）

序号	会议	召开年份	日期	召开地点
1	第 1 次缔约方会议（COP1）	1995	12/15～12/17	德国/柏林
2	第 2 次缔约方会议（COP2）	1996	7/8～7/19	瑞士/日内瓦
3	第 3 次缔约方会议（COP3）	1997	12/1～12/10	日本/京都
4	第 4 次缔约方会议（COP4）	1998	11/2～11/13	阿根廷/布宜诺斯艾利斯
为使京都议定书早日生效，会议通过了《布宜诺斯艾利斯行动计划》				
5	第 5 次缔约方会议（COP5）	1999	10/25～11/5	德国/波恩
6	第 6 次缔约方会议（COP6）	2000	11/13～11/24	荷兰/海牙
7	第 6 次缔约方会议（COP6）续会	2001	7/16～7/27	德国/波恩
8	第 7 次缔约方会议（COP7）	2001	10/29～11/10	摩洛哥/马拉喀什
9	第 8 次缔约方会议（COP8）	2002	10/23～11/1	印度/新德里
发表《德里宣言》，强烈要求未签订京都议定书的国家签订条约				
10	第 9 次缔约方会议（COP9）	2003	12/1～12/12	意大利/米兰
11	第 10 次缔约方会议（COP10）	2004	12/6～12/17	阿根廷/布宜诺斯艾利斯
12	第 11 次缔约方会议（COP11）	2005	11/28～12/9	加拿大/蒙特利尔

序号	会议	召开年份	日期	召开地点
13	第 12 次缔约方会议（COP12）	2006	11/6～11/17	肯尼亚/内罗毕
14	第 13 次缔约方会议（COP13）	2007	12/3～12/14	印度尼西亚/巴厘岛
15	第 14 次缔约方会议（COP15）	2008	12/1～12/12	波兰/波兹南
16	第 15 次缔约方会议	2009	12/7～12/18	丹麦/哥本哈根

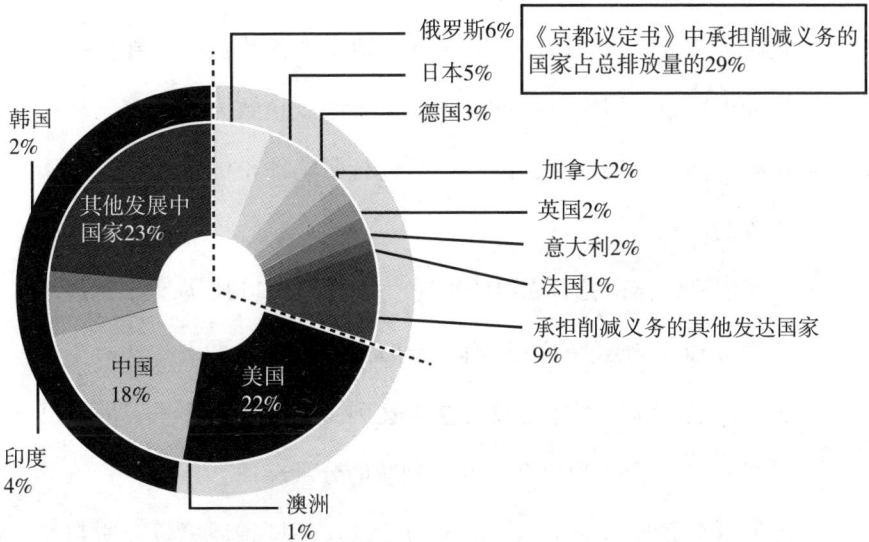

资料来源：IEA, CO_2 Emissions from Fuel Combustion。

图 18 世界能源之源 CO_2 排放量（2004 年）

然而另一方面，《京都议定书》也带来了巨大的难题。这是因为美国没有签署该条约，而且中国、印度等新兴国家也没有承担削减温室气体排放的义务。如图 18 所示，根据该议定书，承担温室气体排放削减义务的国家的排放量目前仅占世界总排放量的 30% 左右。

同时，如图 19 所示，预计现在还未承担削减温室气体排放义务的国家和地区今后的排放量将大幅度增加。为了有效地削减全球的温室气体排放量，不仅仅是发达国家需要削减排放，还必须敦促中国、印度以及包括今后主要的排放国家在内的国家和地区制定切实有效的计划，最大限度地致力于温室气体的削减。同时，构建对各国的成绩进行明确评价的系统也是必不可少的。

温室气体由化石燃料的燃烧产生。如图 20 所示，日本 2030 年削减 CO_2 排放量的潜力将降至非常低的水平。这是因为日本所拥有的削减温室气体排放的技术达到了全球较高水平，因此已经提前完成了到 2030 年为止应削减的分量。

这全靠日本企业不懈的努力，以及环境省环境研究所与经济产业省产业技术综合研究所等研究机关积累了大量技术知识。

日本拥有世界最先进的环境技术。从全球性视野来看，日本如果仅仅使用这些技术来控制国内温室气体排放就太可惜了。

假如能将日本领先世界的节能技术和其在多种能源开发方面的研究投入产业化，为国际社会做出贡献的话，则可以有效地控制全球的温室气体排放量。

（百万吨）

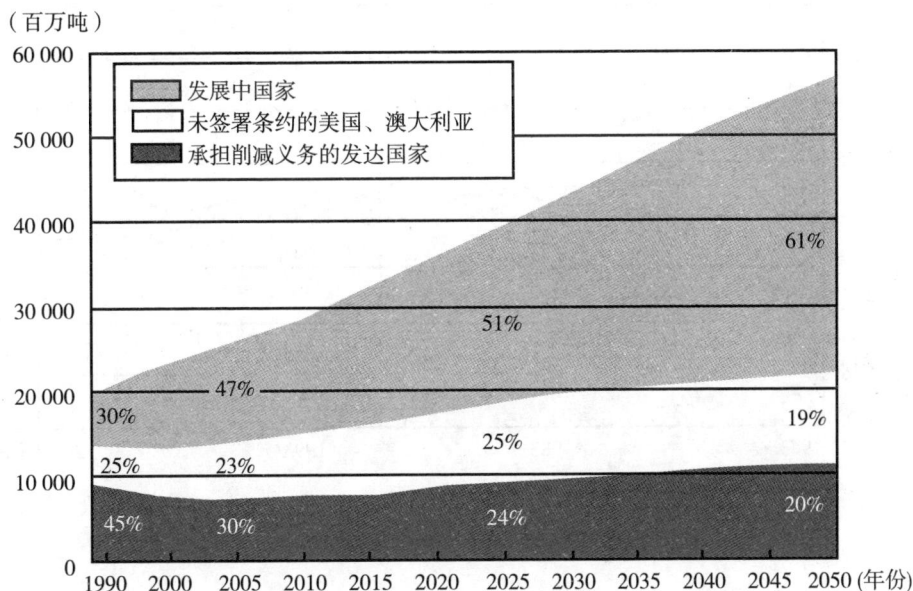

资料来源：（财）地球环境产业技术研究机构。

图 18　全球 CO_2 排放的长期预测

继《京都议定书》之后 COP 取得的最大进展要数 2007 年在印度尼西亚巴厘岛召开的第 13 次缔约方会议（COP13）。180 多个国家共一万多人参加了会议，本次会议最大的收获是之前一直拒绝签约的澳大利亚也终于批准、签署了《京都议定书》。

因此，未同意签署《京都议定书》的发达国家就只有美国了。

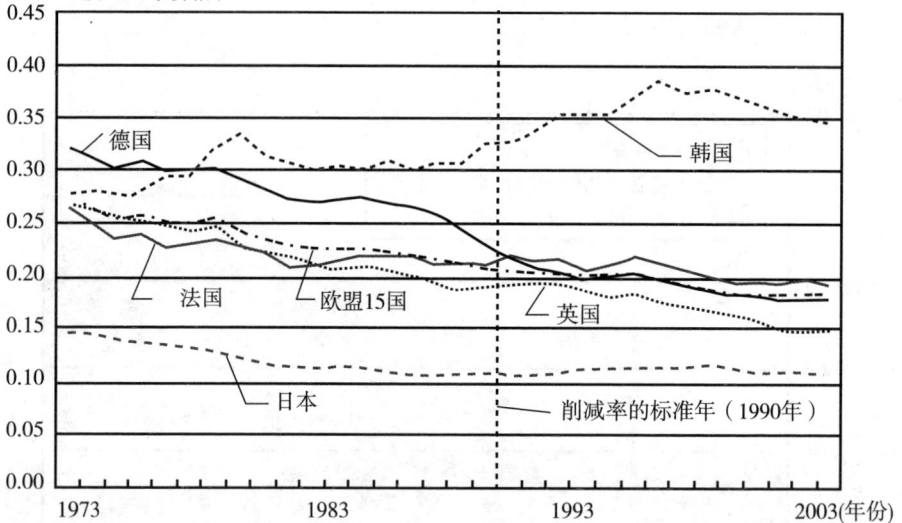

（石油换算单位吨/1,000美元 按2000年价格）

图19　单位 GDP 能源消耗量的发展

资料来源：IEA, CO$_2$ Emissions from Fuel Combustion。

良心与国家利益

如前文所述，《京都议定书》在 1997 年以后成为了代表地球环境危机的"世界的良心"圣经。然而，仅凭和平运动的"良心"是无法推动现实的。

世界各国之中，无暇将这份"良心"付诸行动、为了生存而不得不四处奔波的国家还有很多。只有调整各国的国家利益才是最终解决现实问题的对策。

而且，不是所有人都能够理解环境能源革命会影响未来的国家利益。在革命进行的过程当中，能否认识到这一革命会对国家利益产生深远影响，决定了各国在今后的经济成长当中会否出现巨大的差距。

在这一社会背景下，我在 2008 年 11 月 18 日召开了名为"从数字信息革命向环境能源革命发展"的研讨会。当时邀请了 2007 年获得诺贝尔和平奖的美国第 45 任副总统阿尔·戈尔到庆应义塾大学日吉校区的藤原洋纪念大厅进行了主题演讲。当天他所讲演的内容如下：

"要想阻止急剧发展的、而且是不可逆的全球变暖，留给我们的时间已经不到 10 年了，但是人类致力于解决全球气候变暖问题的速度却过于缓慢。我们应该利用 IT 技术加快采取措施。北极的冰帽去年夏天融化了将近一半，毫无疑问在五年以内就会彻底消失。在海水吸收了冰帽反射的太阳光热量之后，将不可避免地发生急剧的气温上升。为了防止这一事态的发生，现在留给我们的仅有不到 10 年的时间了。IPCC（政府间气候变化专门委员会）预测在本世纪末之前，全球平均气温将最高上升大约6℃，这一预测结果几乎没有置疑的余地。在解决方法上，人类无法马上适应危机，但是可以利用IT技术与互联网迅速、有效地理解、沟通。我们应该扩大政策决定者与市民之间沟通的渠道，加速制定解决全球气候变暖问题的政策。我曾经计划发射人工卫星，从宇宙观测全球气候变暖的现象，但由于政权交替而受挫。我希望在奥巴马政权时期能够实现发射必要的卫星，将气候变暖动态等信息共享给全世界。此外，关于目前全世界所面临的严重经济萧条，需要通过建设环保基础设施，在全球范围内采取可持续性的刺激经济发展的方案，具体来说，修建全球范围内可再生电力的配电网络'智能电网'是必不可少的措施。

阿尔·戈尔先生简单易懂地介绍了防止全球气候变暖的必要性、留给人类的应对时间、在全球范围内积极开展行动的必要性、利用数字信息等最新技术以及为经济成长带来的好处等方面。环境问题容易引发出自"良心"的防止气候变暖派与经济成长推进派的对立，而戈尔先生解释道，尽早致力于解决环境问题对双方来说都有好处，演讲内容让双方都完全信服。笔者也对该研讨会为改变参会者们的认识所做出的贡献颇为自负。

发达国家与新兴国家

从本质上说，COP 也是调整各国国家利益的场合。横亘于其根本之上的是新的南北问题。众所周知，以前的南北问题是发达国家将发展中国家占为经济殖民地。发达国家完全不在意发展中国家收入水平等方面的因素，一味以低价购买石油、铁矿石等原材料，以此维持自己较高的生活水平。

最近，这一结构发生了改变，发展中国家也取得了高速的经济发展。曾经沦为英国殖民地的印度、曾经被欧美列强瓜分的中国等新兴国家迅速积累了实力，并支持着发达国家的经济发展。日本与欧美各国最大的出口国家便是中国。因此，现在的经济结构必须以中国等新兴国家的经济发展为前提，否则发达国家的经济将难以维持。

在这一时代，环境问题呈现出进一步恶化的趋势。比方说，当由于 CO_2 问题需要削减温室气体排放量时，发展中国家与新兴国家就会认为，要求自己与发达国家削减等量的温室气体排效是不恰当的。目前太阳能发电比火力发电成本要高，因此如果强加规定的话，会给新兴国家的经济成长带来阻碍。发达国家以前排放了大量 CO_2 来充分享受富裕的生活，因此今后应该让发达国家使用太阳能发电，而新兴国家则通过成本较低的火力发电来发展经济。

有些发达国家则认为，新兴国家几乎没有推进节能工作，其CO_2的排放量太大了，所以希望新兴国家也能控制温室气体的排放。

而在新兴国家看来，发达国家的出发点是成熟国家阻碍新兴国家经济发展。因此，在 COP 上容易发生南北利益冲突，难以取得统一意见。各大发达国家领导力的降低也加速了这一对立。因此我们需要兼顾环境问题与经济问题，综合考虑。

气候变化世界商业峰会

2009 年，联合国气候变化大会第 15 次缔约国大会在丹麦哥本哈根召开。在当年 12 月份召开 COP15 之前，5 月份还召开了气候变化世界商业峰会。

该峰会由丹麦的民间团体"哥本哈根气候理事会"（CCC）主办，并得到了丹麦政府的支持。原美国副总统阿尔·戈尔先生、美国百事公司 CEO 英德拉·努伊（Indra Nooyi）女士、英国维珍集团（Virgin Group）的理查德·布兰森（Richard Branson）先生等国内外大约 800 名商界领袖参加了这一会议。

这证明人们已经强烈认识到，解决环境问题归根到底是在为经济发展铺平道路。

5 月 24 日，我来到久违的哥本哈根。没过多久，朝日新闻的主编船桥洋一先生来酒店迎接我，并且介绍了这次峰会的意义与情况。之后我们去往日本驻丹麦大使近藤诚一的官邸，与经济同友会代表干事樱井正光等从日本赶来出席峰会的成员一起受到了招待。

不过，聚集在那儿的成员包括我们在内也只有 10 人左右。日本经济团体联合会没有正式参加这一世界商业峰会，但即便如此他们也同意 CO_2 排放量的缩减能为日本带来一定的利益，只是由于新型流感爆发而使他们的海外出差受到了限制。总之，比起欧盟与美国，日本尽管身为经济大国，但产业界人员调整步调的速度却非常缓慢。

新闻记者船桥洋一先生的事先会议介绍

以气候变化为主题的世界商业峰会将于 5 月 24~26 日在丹麦哥本哈根召开。该会议由丹麦的国际性智囊团"哥本哈根气候理事会"（CCC）主办，是今年商业界最为重要的气候变化会议，因此广受关注。全球大约 800 名商界领袖参加该会议。原美国副总统戈尔与各国政治家、外交负责人、著名科学家、经济学家、媒体以及思想界的领袖们会就克服全球范围环境危机的方案进行讨论。此外会议还将协商在日渐萧条的经济形势中如何构筑可持续发展的世界经济这一课题。

今年12月，联合国气候变化框架公约第15次缔约国大会（COP15）将在哥本哈根召开。这次会议的目标是制订在2013年《京都议定书》到期以后防止气候变暖的新框架。商业峰会选在COP15半年前的重要时期召开，会议从5月24日开始，为期3天。参加者将讨论如何利用民间组织的力量，并探讨有效应对气候变化与经济危机的方法。

环境政策与革新的商务模式以及对绿色科技的投资三者发生互动时，经济将如何加速发展？此外，怎样才能实现不破坏环境的经济成长、创造就业机会并采取低碳措施？政策与市场的诱导方案、官民携手合作等，下一期的框架公约需要采取怎样的方法才能有效地促进商业活动的活跃化？峰会计划重点探讨以上问题。期待此次会议能成为实现政策与商业的官民合作的机会。其中最重要的课题是"如何打造环境友好型经济"。

可以从以下角度来讨论这一问题。①构筑灵活的全球规模碳交易市场。②绿色能源的资金筹措。③提高能源效率。④促进面向技术的研究、开发、实证、普及的投资。⑤加强技术合作、解决知识产权问题。⑥保护森林与开发可持续利用的土地。

⑦如何适应气候变化带来的影响、提供资金。⑧讨论并报告一系列工作的进展情况，等等。

峰会通过专题研讨会与讨论，介绍应对气候变化的最先进、革新的商业战略。同时，明确与全新商业模式相结合的政策如何促进市场向可持续发展经济过渡、如何创造就业机会以及怎样采取低碳措施，这就是此次峰会的目标。

全球领导人的意向

气候变化世界商业峰会以联合国秘书长潘基文的演讲——"我们不能因为经济危机而使解决气候变化的政治局势以及向环境的投资与技术革新倒退。希望商业界向各国政府表现出强硬的态度"拉开了帷幕。

潘基文联合国秘书长的演讲内容如下所述。

"持续向化石燃料投入庞大的资金，就像向次级抵押贷款不动产投资一样。我们现在的高碳社会不利于食品安全。在制定应对全球气候变暖的新议定书的内容时，应该在《京都议定书》的基础上，要求37个工业国家在2012年之前，从1990年水准的基础上平均削减5%的温室气体排放。"潘基文强调了以上内容。原美国副总统阿尔·戈尔说："在这 3 天时间内，各公司的 CEO 们将会通过革新的商业模式、新型合作关系、与低碳相关的技术开发等方面来讨论如何解决气候危机。时不我待，我们的大自然母亲不会等待我们。我们应该在今年就立刻实行，而不要等到明年。这次为期 3 天的气候变化峰会是在决定如何接续有效期到 2012 年为止的《京都议定书》的一次预备性会议。能否达成这些雄心壮志完全取决于 CEO 们在商业活动中如何采取环保的方式，以及各国政府应对无止境的污染的对策。"

联合国秘书长潘基文与原美国副总统阿尔·戈尔都希望能借助企业的力量降低温室气体排放量，并且强调现在已经没有时间坐下来长谈细议了。

从日本赶来参加会议的经济同友会代表干事樱井正光说："我不能明确地说出数值，不过今后首相所公布的数值会达到一个很高的水准。"实际上，虽然之后日本发生了政权交替，但鸠山前首相的确是保证到 2020 年，会比 1990 年削减 25％ 的排放量。

以下总结了其他各国主要商业领袖的发言。

◎美国百事公司 CEO 英德拉·努伊（Indra Nooyi）女士

"政府的应对花费时间过长，商业界已经等不及了。我们公司已经确定了削减 CO_2 排放量的具体目标。"

◎美国杜克能源 CEO 吉姆·罗杰斯（Jim Rogers）先生

"我们应该设定一个排放 CO_2 必须支付的价格，促进世界向低碳社会过渡。"

◎丹麦气候与能源部长 赫泽高（Hedegaard）女士

"环境对策对企业来说是促进经济成长的好政策。"

◎英国 WPP 公司（广告）CEO 马丁·索罗（Martin Sorrell）先生

"企业经营同时面对着经济危机对策与环境对策，这对企业来说是生死攸关的问题。"

◎中国海洋石油总公司 CEO 傅成玉先生

"商业界应该拿出实际成绩来，让政府拥有自信。"

在商业峰会上还召开了许多分科会，参会者们在会上展开了热烈的讨论。笔者自己也参加了"Technology Push"分科会。通过参加分科会，笔者重新认识到各大商业领袖在处理环境问题与经济问题时有多么认真。

"Technology Push"分科会的主持人由麻省理工学院能源计划部门代表欧内斯特·莫尼斯（Ernest Moniz）担任。笔者上次见到他是在拜访 MIT 主办的高温超导研究会上，这次算是久别重逢了。

参会人员都是领导世界的企业领袖们。

第一个发言的是该分科会会长、英国最大的石油公司 BP 的高管安东尼·海沃德（Anthony Hayward）先生。

"在向新能源过渡时，有三点是最重要的。①考虑整体能源效率。②进入经济领域，引出投资的必要性。③大规模地展开。因此，解决方法是从多种途径着手。此外，需要产业界、政府与学术界进行合作。量化地考虑所有技术是十分重要的。"

BP 公司计划从过去的石油业务向新能源业务过渡，其已经向美国的风力发电业务、生物质能业务等投资了约 30 亿美元。另一方面，美国有一些大学拥有优秀的替代燃料研究能力。其中劳伦斯伯克利国家实验室、加利福尼亚大学伯克利分校是全球研究替代燃料的中心。BP 公司与该大学、该实验室以及伊利诺伊州立大学缔结了研究协议，为其投资 5 亿美元。此外，BP 公司还参与了从劳伦斯伯克利国家实验室独立出来的生物燃料公司——美国阿米瑞斯生物技术公司（Amyris Biotechnologies）的经营。

率先推进产业界、政府、学术界合作的 BP 公司最重视的有两点，即"如何才能有效地展开业务""如何才能加速实现低碳化"。该公司所致力的一系列项目都由诺贝尔物理学奖得主朱棣文先生领导。他曾担任加利福尼亚大学伯克利分校物理学及分子细胞生物学的教授，现在被任命为奥巴马政权的能源部长。

美国在签订《京都议定书》时落后于世，但如今也在致力于推进这些方面的尖端合作。

瑞典国有电力公司大瀑布电力公司（Vattenfall）首席执政官拉兹·约瑟夫森（Lars Josefsson）在发言中说：

"在向新能源过渡的过程中，政府机关与企业的合作是十分重要的。其中的关键是向电动汽车过渡，不过在2015年前就能完成这一过渡的观点有些过于乐观了。我希望通过与全球的企业进行合作，加速展开业务。"

大瀑布电力公司是以核电为主的瑞典最大的电力公司，其销售额达到150亿欧元，员工约为3.3万人（2008年）。它不仅在瑞典，在德国也开展了电力业务。从其发言中可以看出电力公司独有的积极态度。

取得迅速成长的世界级太阳能风险企业——中国尚德太阳能公司的施正荣董事长做了以下发言。会上人们也开始关注中国的发展情况。"我在这35年里一直致力于太阳能发电。太阳能发电的普及与成本的关系就像鸡与鸡蛋的关系一样，成本越低越能得到普及。德国推广了上网电价补贴政策，使太阳能发电在全世界普及到了15GW（150亿瓦特）的程度。太阳能发电的成本已经下降了不少，相信今后它将发展为一项主流产业。现阶段成本还是在$30\sim35$ ¢/W（每瓦特$30\sim35$美分），预计以后将降至与化石燃料相当的$12\sim15$ ¢/W。其成本受硅材料价格的影响。从气候条件来看，加利福尼亚比德国更加适合，推广太阳能发电。

"（中国市场）重视与现有电力公司的合作，与中国配电网络公司进行合作。关于普及太阳能发电，我认为有以下三大途径。①打造全新的产业。②将煤炭火力发电与太阳能发电相结合（内蒙古建有 3~5MW（300 万~500 万瓦）的工厂设备）。③将蓄电设备与太阳能发电相结合。"

看来在中国市场普及太阳能发电已经有了较稳定的基础。

可与中国相提并论的二氧化碳排放大国——印度的塔塔电力（Tata Power）公司的普拉萨·梅农（Prasad Menon）发表了以下言论：

"印度的能源情况如下。（1）有 12% 的能源缺口（高峰时期可达到 16%~17%）。（2）每年的经济增长率为 6%~7%。（3）有 4 亿无电人口。（4）电力来源主要采用以下途径：①基本能源：核电 400MW；②水力：喜马拉雅；③太阳能：有很大可能性，但目前成本在 30 ¢/W，所以需要一定规模；④地热；⑤风力：世界第 4 位；⑥生物质能：世界第 2 位。"

一般认为印度的能源政策会给今后的世界带来很大的影响，因此他的发言引起了高度注意。

荷兰皇家壳牌石油公司（ROYAL DUTCH SHELL）的高级副总裁、未来燃料CO_2减排负责人、欧洲化石燃料零排放电力技术平台主席格雷姆·斯威尼（Graeme Sweeney）说：

"CCS（CO_2的回收、存积）还处于论证阶段，其作用将得到阶段性地提高。此外，资金筹措计划的制定也很重要。"

他的强调带有浓重的政府间谈判色彩。

可与中国电力匹敌的芬兰最大电力公司富腾能源公司（Fortum）的高级顾问迈克尔·里利乌斯（Michael Lilius）说：

"运输的问题是最重要的。关于汽车数量的问题，事实上也已经开发出了许多引擎技术。电动汽车使用的是电动机，比内燃机的效率要高得多，而且不会排放 CO_2。OECD 各国若能将 1/3 的汽车换成电动汽车的话，到 2030 年为止可以削减 17Gt（170 亿吨）的 CO_2 排放量。其技术基本已经完备了。总之，我们应该尽早着手进行以下事项。①电池技术改良、快速充电、建设充电柱、充电站的标准化。②政府采取促进电动汽车普及的政策。"

他主要以汽车行业为中心展开了讨论。

牛津大学企业与环境学院（Smith School）院长戴维·金爵

士（Sir David King）作为对英国环境政策最具有影响力的学者陈述了自己的意见：

"重要的是设置可供政府、产业界、学术界进行交流的平台。削减 CO_2 是一项巨大的挑战，尤其是到 2050 为止要削减 65Bt，可谓是困难重重。此外，从汽油汽车、油电混合动力汽车向电动汽车的过渡也十分重要。关于太阳能电池，应该寻找硅材料以外的其他可选项。在公共空间方面，需要进行两种类型的城市设计，即美国型的低人口密度模式与伦敦、香港型的高人口密度模式。而在 CO_2 的削减目标方面，必须要达到能源消耗的 25%，可能的话争取达到40%。"

像这样，参会人员在分科会上从各种角度陈述了自己的意见，最后这些意见都被总结归纳于气候变化世界商业峰会的提案《哥本哈根号召》之中。

●气候变化世界商业峰会《哥本哈根号召》提案概要

①要求政治领袖在 COP15 会议上就坚定、有效的气候条约达成一致。

②要求设定 2020 年、2050 年的削减目标。

③指出有效测量、报告、验证 CO_2 排放量的必要性。

④希望实施刺激政策，加强面向低碳技术的资金补助。

⑤普及现有低碳技术并促进新技术的开发。

⑥引进革新性的方法保护森林、增加二氧化碳吸收。

综上所述，世界各国的政治领袖、商业领袖为了摆脱世界经济危机与地球环境危机，积极地推进了环境能源革命。不同只在于各自的立场与实践速度。

后记

　　2010 年，日本失去了世界第二经济大国的地位，如坠云里雾中。

　　其根本原因在于全球规模的产业结构变化与环境能源问题。如今，化石燃料、铀矿等有限能源资源的枯竭问题已经迫在眉睫了。而日本所面对的经济危机的本质在于依存化石燃料的工业产品的出口产业走向衰退、经济高度集中于首都圈以及能源资源与食物资源高度依存于外国进口。我们需要尽快通过重建地区经济，解决经济高度集中于首都圈的问题，同时降低能源与食物对外国的依存程度。可以一并解决该问题的正是"环境能源革命"。

尤其是能源问题，世界各国已经开始有所成果了。德国从2000 年开始实施振兴可再生能源的政策，在 8 年时间内创造出15 万个就业岗位。奥巴马政权提出"绿色新政"，任命诺贝尔物理学奖得主朱棣文博士为能源部长，并致力于智能电网的构建。日本也不能落后于人。

　　本书介绍了作为"第四次工业革命"的"环境能源革命"，并阐述了其本质与未来的展望。特别是可再生能源的关键"太阳能"、供配电的革新技术"高温超导直流输电技术"、从根本上改变产业结构的"电动汽车"，这三大新技术可谓是环境能源产业的"三大神器"。这"三大神器"是使日本的环境能源产业成长为具有国际竞争力的基础产业的最重要技术。此外，环境能源产业是最适合"地产地销型产业结构"的领域。这与利用可再生能源重新构建粮食生产密切相关。

　　笔者认为，现在日本应该选择的道路正是引领"第四次工业革命"。

　　希望行政、企业经营、产业政策、对科技的现状与未来抱有兴趣的消费者们、生产者们以及商务人士都能阅读本书。笔者希望有幸与各位共同参与"第四次工业革命"，并与各位共同引领"革命"的发展。

　　由于本书所介绍的是瞬息万变的环境能源领域，在执笔过程当中，笔者所处的现实情况也发生了巨大的变化。最后，笔者向在这种困难下依然坚持不懈完成编辑工作的朝日新闻出版的斋藤太郎先生等编辑部成员表示最诚挚的谢意。

东方出版社助力中国制造业升级

定价：28.00 元

定价：32.00 元

定价：32.00 元

定价：32.00 元

定价：32.00 元

定价：32.00 元

定价：30.00 元

定价：30.00 元

定价：32.00 元

定价：28.00 元

定价：28.00 元

定价：36.00 元

定价：30.00 元

定价：32.00 元

定价：32.00 元

定价：32.00 元

定价：38.00 元

定价：26.00 元

定价：36.00 元

定价：22.00 元